ESPÍRITOS
A CURA PELO ENTENDIMENTO

Marise Ceban
Por Espíritos diversos

ESPÍRITOS
A CURA PELO ENTENDIMENTO

CEAC
EDITORA

Ficha Catalográfica

C387e Ceban, Marise.

Espíritos: a cura pelo entendimento / Marise Ceban por espíritos diversos. -
Bauru, SP: CEAC, 2011.
224p.; 14x 21 cm

1. Leis morais 2. Mediunidade – entendimento 3. Leis divinas 4. Espiritismo – conhecimento I. Titulo.

133

Coordenação Editorial
Laércio Mulati
Renato Leandro de Oliveira

Projeto gráfico, capa e diagramação
Renato Leandro de Oliveira

Revisão de Língua Portuguesa
Aline Cristina Moraes

1ª edição - outubro de 2011
12.000 exemplares

ESPÍRITOS

A CURA PELO ENTENDIMENTO

Edição e Distribuição

CEAC
EDITORA

Rua 7 de Setembro, 8-56
Fone/Fax (14) 3227-0618
CEP 17015-031 - Bauru SP
editoraceac@ceac.org.br
www.ceac.org.br

SUMÁRIO

Contato com a autora:
mariseceban@terra.com.br

Revisor Técnico: Joel F. de Souza

Observação sobre as notas:
(NAE): Nota do Autor Espiritual
(NDA): Nota do Dr. Agostin
(NRT): Nota do Revisor Técnico

PREFÁCIO

Estamos lutando: todos buscamos algo de bom para nós mesmos.

"Lutando"... essa palavra tão falada por todos.

Lutando para sobreviver, lutando para adquirir o que se deseja, lutando contra as doenças, lutando para suportar os familiares...

Lutando... lutando... lutando...

Lutando conosco mesmos, lutando para não criticar o outro, lutando para nos sentirmos em paz, lutando para amar, lutando para dar ao outro o que gostaríamos de receber.

Essas frases, meus irmãos, como são difíceis de serem pronunciadas! Muitas vezes passamos por nossas existências sem jamais pensarmos dessa maneira.

Quantos de nós nos damos conta de estarmos reencarnados para realmente lutar, mas uma luta que nos eleve, que nos faça crescer e florescer espiritualmente?

Quantas vezes lutamos com os nossos próprios pensamentos voltados às intérminas lutas contra os outros companheiros de jornada, sem ao menos refletirmos que tais lutas são totalmente contrárias às Leis Divinas?

Somos nós sim, somos nós mesmos que buscamos nossas próprias derrotas, haja vista nossos reclamos: "*estamos em uma luta inglória!*".

Mas qual "glória" queremos? Aquela que faz com que o mundo nos aplauda, aquela que a aparência do consumismo nos permite.

Que vãs ilusões!... Nesses aspectos, todas as lutas serão inglórias porque os nossos Espíritos nada ganharão com elas, apenas destruir-se-ão.

Nossos Espíritos não necessitam, em nada, dessas aparências; o que realmente necessitamos é de nossas lutas íntimas.

Sendo assim, o que é do mundo deve permanecer no próprio mundo, enquanto o que é do Espírito deve ser trabalhado pelo Espírito para a conquista definitiva do aprendizado ético, verdadeiro. Eis a verdadeira luta que devemos abraçar; eis a única luta que devemos levar adiante.

Lutamos pelas coisas imediatas do mundo, mas a luta da sobrevivência espiritual também deve ser diária, uma luta que jamais se extingue, pois requer um esforço maior, que compreende a vigilância dos pensamentos e das atitudes.

Na essência, nosso Espírito precisa apenas de autoconhecimento (quem somos, de onde viemos e para onde iremos?) e de amor.

Como nos ensinou Jesus: "amar ao próximo como a si mesmo".[1] A medida do amor, portanto, reduz-se, no limite, a esse "si mesmo", a esse "si" que é sempre o "mesmo".

Amemos incondicionalmente uns aos outros, bem como a nós mesmos, sem desculpas, sem reservas, sem condições.

Que Jesus nos abençoe, e que o amor infinito de Deus, nosso Pai, permaneça em nossos corações.

ÂNGELO[2]

(CENSN, 18 jun 2008. Psicografia pela médium Marise Ceban)

---

1 Conforme Lv 19:18; Mt 5:43 (NRT).

2 Espírito trabalhador do Centro Espírita Nossa Senhora de Nazaré – CENSN (NRT).

Dr. AGOSTIN[3]

Por que não nos curamos?

Por que temos dificuldades em restabelecer a saúde, mesmo participando de um tratamento espiritual?

Seguimos conforme as nossas solicitações, as quais, por suas vezes, foram-nos atendidas e dadas pelos Espíritos; mas, mesmo assim, o tempo vai passando e não conseguimos livrar-nos das doenças. Por que tais coisas ainda acontecem conosco? Muitos nos questionam a esse respeito.

Não merecemos a cura?

Nos processos modernos das curas espirituais, apenas os pensamentos influem na manipulação dos fluidos espirituais e, mesmo as cirurgias, todas realizadas no perispírito,[4] não necessitam de instrumentação

3 O Espírito Dr. Agostin é o médico-chefe espiritual responsável pela *Equipe de Cura Espiritual do CENSN* (NRT).

4 O "perispírito" deve ser entendido, em resumo, como sendo nosso corpo espiritual semimaterial, pelo qual garantimos nossa

cirúrgica alguma para os corpos físicos.

Surge, então, a inquietante questão: como remover os cânceres já neles instalados e agindo com todos os seus poderes maléficos?

Apenas precisamos entender, considerando hoje o momento vivenciado em escalas científicas, filosóficas, e espirituais, já alcançadas pelos progressos feitos pelos conhecimentos humanos, que não mais se concebe a cura espiritual como antes era concebida pelas religiões tradicionais, cujas heranças ainda aí se encontram, isto é, como sendo "algo" sobrenatural, algo sem nenhuma causa material, como sendo um "milagre"[5]?

Não, porque hoje vige apenas o pensamento intelectualizado pela razão raciocinante; todavia, tal exclusão não libera o homem de crescer moralmente,

---

personalidade no mundo espiritual; logo, o elemento que garante a nossa identificação, tal como se dá ao sermos reconhecidos aqui e agora, é também o modelo organizacional da nossa forma física atual, com todas suas características particulares; enfim, ele é o intermediário psicobiofísico, a ponte a unir o nosso corpo físico ao nosso Espírito, formando com este uma unidade somente destrutível pela desencarnação (NRT).

5 Em última instância intelectual, o "milagre", conforme nos chegou pela história eclesiástica, seria nada mais nada menos do que a derrogação, para correção, das imutáveis leis da natureza estatuídas pelo próprio Deus; mas isso implica que "Ele" estaria destruindo sua própria Criação, portanto, seria a aceitação de um absurdo. Assim sendo, para nós espíritas, amantes da fé racional, o "milagre" se torna algo inadmissível, porque teremos que conceber um Deus contraditório em Suas ações; logo, algo contrário à razão, como um disparate (NRT).

porquanto precisa saber que só o pensamento moralizado é o agente daquele tão afamado "milagre".

Então, esse acontecimento "sobrenatural" é um simples pensar; no entanto, não se trata de apenas pensar, mas sim de um pensar moral que deve ser contínuo e crescente dentro do supremo paradigma a ser cumprido por nós: as Leis Morais Divinas.

Isso posto, então, curamo-nos por nós mesmos.

O médium curador[6] apenas possui, em si, um gerador potencial capaz de canalizar os bons fluidos manipulados pelos Espíritos que desejam a cura da humanidade e os reforçam com as suas próprias cargas vitais-magnéticas.[7]

Saber como agem os fluidos que se encontram disseminados no Universo é um dever de todos aqueles que desejam estar bem, saudáveis, com o propósito de ajudar a si mesmo e ao próximo.

---

6 *"Todo aquele que sente, num grau qualquer, a influência dos Espíritos é, por esse fato, médium. Essa faculdade é inerente ao homem; não constitui, portanto, um privilégio exclusivo."* O médium curador é aquele que *"possui o dom de curar pelo simples toque, pelo olhar, mesmo por um gesto, sem o concurso de qualquer medicação."* [*O Livro dos Médiuns,* Cap. XIV; itens 159 e 175, respectivamente (NRT)].

7 Entendamos, perguntando antes: o que tem a ver a vida, ou vitalidade, ou princípio vital, com o magnetismo e, por extensão, com o eletromagnetismo? A vitalidade tem por fonte o fluido universal, sendo uma modificação deste, conforme as explicações constantes das P. 27, 27a, 60-67a/LE (NRT).

A vida é um dom de Deus; e a saúde, o bem-estar, é a conservação dessa dádiva.

A conservação do equilíbrio do corpo depende do equilíbrio mental, enquanto este equilíbrio depende, por sua vez, do tratamento salutar que damos aos nossos pensamentos, todos estes conducentes das nossas emoções.

"Ajuda-te que o céu te ajudará"[8] não é apenas uma frase de efeito para ser dita a esmo, é uma frase com os pesos da verdade e do nosso máximo entendimento, donde é necessário, então, que ajamos de conformidade com essa sua verdade. "Ajudar-se" é seguir os ensinamentos de Jesus, quais sejam, os ensinamentos das Leis Divinas.

Deus nos quer saudáveis, porém, isso só será possível se nós mesmos assim nos quisermos.

Daí ser preciso reavaliar as nossas tendências e refazer as nossas ações, amortecendo as aflições do passado-presente no presente-presente e preparando-nos para o futuro-presente.

Não queiramos inventar uma pessoa, uma individualidade que não somos; sejamos verdadeiros, em primeiro lugar, conosco mesmos.

Quando esse for o nosso pensar, começaremos a trabalhar por nossa cura.

---

8 O Espírito está se referindo à expressão tomada como análoga ao *"Buscai e achareis"* – Mt 7:7-11; *Evangelho Segundo o Espiritismo*; Cap. XXV – (NRT).

Acreditamos que a cura deve ser definitiva, não bastando apenas extirpar um tumor – ainda que pela cirurgia espiritual –, causa da infelicidade atual, se não lhe extirparmos a essência de origem.

É preferível, então, que ela continue doente até que morra com o tumor, porém, recebendo os influxos que lhe garantam certa dose de vitalidade, através do médium curador, e continue vivendo, aprendendo com a doença; sabendo, compreendendo as suas causas, e aprimorando-se através da sua "reforma íntima"[9]. Só assim o tumor poderá ser extirpado, um dia, pela própria consciência, único ente responsável em colocá-lo em seu próprio organismo.[10]

Aprenda: você colocou a doença em si mesmo pela covardia do orgulho, do egoísmo e da vaidade; agora, cure-se pela coragem da humildade, da benevolência, da perseverança e do amor.

A cura depende de cada um. Ela é individual e, quando a conquistarmos, tornar-se-á definitiva, nunca mais ressurgirá. Nesse ponto encontraremos o merecimento.

Olhemos mais uma vez para o Homem-Jesus:

---

9 Reforma moral que tem como base os ensinamentos contidos no livro *O Evangelho Segundo o Espiritismo* ou, expandindo o seu moderno conceito, segundo o *Espiritismo* (NRT).

10 Eis porque "não há doenças, mas sim doentes"; porque cada doente é, antes de tudo, um doente da alma (NRT).

completamente saudável, nele viam-se vitalidade, amor e caridade.

Tenhamos a humildade de perceber a nós mesmos, isto é, reconheçamos todos nossos defeitos para podermos resolvê-los, retirando de nós o que não é bom, o que é danoso, o que não presta para nossa existência.

Saúde é vida, e a vida é divina. Aprendamos a valorizar, pelo nosso próprio esforço, o que nos foi dado por Deus.

AGOSTIN

(CENSN, 29 nov. 2008. Psicografia pela médium Marise Ceban).

ADEUS, BOÊMIA!

Que linda manhã!

Todavia, era um dia como outro qualquer.

Levantei-me como de costume, às seis horas.

Inexplicavelmente, naquele dia senti o impulso de dirigir-me à janela, abri-la, e observar o Sol, a luz brilhar.

Que lindo dia se me apresentava!

A emoção a assaltar-me era enorme, uma alegria incompreensível, uma imensa vontade de viver, de abraçar a vida, a natureza.

Que beleza de vida!

Voltei para o interior do quarto a fim de começar os preparativos normais do meu atarefado dia, no entanto, o fiz olhando novamente para fora da janela.

Mas aquilo, que ao primeiro instante fora algo

maravilhoso e inédito em minha existência, apagou-se com a normalidade da rotina.

Aquele dia, 25 de março de 1976, apagou-se da minha lembrança.

Eu era um rapaz com apenas 26 anos.

Agitado, nervoso, ansioso, disposto às lutas da vida, porém, desde que fossem para o meu próprio benefício, desde que me trouxessem algo em troca; enfim, estava totalmente encaixado no mundo da minha realidade.

Meus amigos eram tais como eu. Adoravam sair, ir para as baladas, beber com as pessoas que estavam na mesma sintonia que eu.

Nada mais poderia querer.

O emprego estava na medida certa. Trabalhava em uma empresa de alto nível, na qual ocupava um bom cargo, compatível com minha capacidade intelectual, apropriado aos meus estudos.

Obviamente, sabia que aquela posição não era gratuita, meus esforços somavam, e muito. Trabalhava e me aprimorava no mestrado e no inglês. Seria, estava claro para mim, um grande executivo.

Curtia e vivia como sempre vivera. Minha saúde parecia de ferro e nada alterava minha boa disposição. Por mais extravagâncias que fizesse, bastavam-me algumas poucas horas de sono e pronto, logo me refazia.

A má alimentação, o fumo, a bebida, as várias noites sem dormir, as descargas emocionais dos encontros e desencontros, não me traziam prejuízos "aparentes". Era a vida tão desejada, tão apreciada, que eu experienciava.

Deus? Nem me lembrava! Não sobrava tempo para refletir em algo que transcendia o meu belo corpo e o que ele poderia me dar de bom, de prazer.

Nossa! Como era boa aquela minha vida!

Em nenhum momento deixava de pensar em como era ótimo ser jovem, alegre, viver ao máximo, aproveitando tudo o que era oferecido por este mundo.

Mulheres não me faltavam. Não me preocupava, todavia, com nenhuma responsabilidade. Elas passavam por minha vida e, de forma alguma, havia em mim algum sentimento de carinho ou de amor puro, apenas a paixão, a sensualidade e o sexo davam aos meus sentidos a precisa exaltação do conceito do qual tanto me orgulhava: "machão"! Eu era exatamente o "deus Apolo" vivendo seu êxtase.

Tudo fantasia, tolice, ilusão. A realidade, porém, sequer a imaginava.

E nessa mesma maneira de viver cheguei aos 19 de outubro de 1979. Contudo, acordei sobressaltado, com tremores, calafrios e um profundo mal-estar.

Ora, o que estava acontecendo comigo?

Jamais houvera sentido uma náusea como aquela.

O desconforto era imenso, parecendo sem limites. Pensei logo: "*será que comi algo podre?*". Por mais que buscasse, não compreendia tal acontecimento, afinal, meu corpo era, para mim, perfeito, magnífico.

Sem entender o que poderia ser, olhei o relógio: eram três horas da madrugada. Fui até a janela e, num relance da memória, lembrei-me daquela outra manhã de três anos atrás, no entanto, o sentimento mais atual era totalmente contrário para mim.

No céu, não se encontrava presente o Sol que houvera me dado uma vitalidade extraordinária. Sem luar e com a noite fria, só enxergava escuridão.

Contrariamente, dessa vez não retomei a rotina. Corri desabaladamente ao banheiro, pois o vômito e o descontrole intestinal revolviam o âmago das minhas entranhas.

Ah, vida terrível! Excessivamente sofrida!

Em um átimo, o desânimo tomou conta de mim.

Passei o dia em terríveis contorções, não havendo nenhum chá, nenhum remédio de farmácia, que dessem resultado.

No íntimo, o medo, a angústia e a raiva se instalavam.

Dois dias depois, como persistisse o mesmo estado físico, e a conselhos de amigos, procurei um médico. A consulta com o clínico me pareceu meio sombria, pois o facultativo se mostrava sério e pensativo. Examinou-me meticulosamente e, ao final, passou-me extensa lista de exames a serem feitos.

Em conversa com os mesmos amigos, falei-lhes das minhas angústias íntimas. Como pôde acontecer isso comigo? Como meu corpo sem problemas, fisicamente perfeito, podia estar sofrendo terríveis dores e diarreias constantes, de uma hora para outra?

Olhava-me no espelho e parecia ver um cadáver.

Rapidamente perdia peso e estava pálido. Meu tônus muscular havia desaparecido.

Aquele Júlio César, de vinte e nove anos e bem-apanhado, em poucos dias estava completamente desfigurado; eu diria: "em frangalhos".

Os meus – por mim ditos – "diletos amigos" começaram a afastar-se. Não dispunham de tempo para ouvir lamúrias, não podiam conversar no expediente de trabalho e, à noite, é claro, havia os encontros, as conversas animadas, os *affairs.*[11]

Sozinho em meu apartamento, postado em minha cama, pois as forças físicas vitais estavam esvaindo-se, pensava... Era a única coisa que ainda podia fazer.

O tempo para mim estava sendo desperdiçado, perdido. Não havia razão para acordar, muito menos

---

11 Do inglês *affair*, que significa "negócio caso; assunto; coisa" (NRT).

para levantar no dia seguinte. Um lampejo de remorso pela vida inútil que vivera passou rapidamente em meu pensamento.

Por fim, trinta dias depois, com todos os exames prontos, levei-os ao médico. Seu veredicto para mim foi a sentença de morte:

– Sr. Júlio, a notícia que tenho para dar-lhe não é boa. O senhor precisará de muita coragem e boa vontade. Será preciso mudar toda sua vida.

– Sim, doutor... E aí?... Dessa forma o senhor me assusta! Só falta dizer-me que estou com câncer e que irei morrer. – Imediatamente meus lábios sorriram e, logo após, fizeram soar uma risada sarcástica no ambiente.

O médico, calado e sério, esperou que o rompante nervoso passasse e continuou:

– Até parece que o senhor leu meus pensamentos. O diagnóstico, Sr. Júlio, é câncer no intestino, e em fase muito avançada. Realmente há poucas chances de vida longa. Sinto muito.

– Sente muito? O que é isto, sente muito? Fale sério, deixe de brincadeiras! Não vim até aqui para receber minha condenação nem muito menos ser alvo de chacota médica! Vamos, doutor, fale!... A verdade, não aceito balelas!

Mais uma vez o médico ficou impassível e, novamente calado, aguardou que eu me acalmasse.

Depois de alguns minutos decorridos, que para mim foram como uma eternidade, calei-me e, postado na cadeira, ouvi-o:

– Realmente lhe falei a verdade. Creia-me, para mim é muito difícil falar de tão sério diagnóstico, mas não há como escondê-lo. Seu estado requer um profundo tratamento, e urgente. Preciso muito da sua colaboração e, por esse motivo, foi imprescindível que soubesse. Preciso também ser o mais transparente possível. A sua colaboração, portanto, é determinante e, quanto mais souber da doença e do método de tratamento, melhor poderá ajudar-nos, tanto a nós, médicos, quanto a si próprio.

Saí como um autômato. Rodei alguns quarteirões, sem destino. Por fim, o cansaço, as dores e o mal-estar me conduziram para casa. Era inexprimível o que estava acontecendo comigo.

Vivenciei dias terríveis. Nada havendo por fazer, a revolta tomava vulto dentro de mim.

Meu íntimo gritava: "Ódio! Deus, odeio você e a tudo que observo neste quarto, neste mundo! Desgraça, desgraça, desgraça!...".

Na medida em que os dias passavam, tudo ia piorando. As dores se tornaram insuportáveis, bem como as dispepsias[12] e as diarreias. Era mil vezes preferível morrer, deixar-se levar.

12 Má digestão; dificuldade na digestão (NRT).

O desânimo tomou conta de mim, totalmente. E, internamente, um grito constante: "*Mate-se! Acabe com tudo! Nada mais lhe resta, livre-se da doença, rápida e eficazmente!*"

Enquanto o torpor me abatia, aquele ímpeto se tornou muito grande e, por muito pouco, não destruí minha existência. Todavia e inexplicavelmente, quando acordado, ou seja, sem aquele entorpecimento, não tinha mais vontade de morrer.

Passado um mês, quando me preparava para sair de casa, senti um impulso de pedir ajuda espiritual. Mas para quem? Nem Bíblia eu possuía para ler alguma coisa.

O impulso tinha sido tão forte que saí de casa emocionadamente abalado. Nesse estado tomei um táxi. O motorista se mostrou muito solícito e, sem motivo aparente, comecei a falar de mim e da minha doença.

– Sou espírita, senhor, portanto lhe entendo muito bem. Posso propor-lhe um convite de alívio?

Internamente minha cabeça pensava: "*o que é ser espírita? O que ele quer me propor?*" Mesmo diante da dúvida, não lhe respondi. Ele se sentiu encorajado pelo meu silêncio e me convidou a visitar um Centro Espírita que trabalhava com cura espiritual.

– Cura? Você quer dizer que posso ficar curado? É claro que quero, não há dúvida! Onde é?

– Fique calmo, eu mesmo o levarei. Como estarei livre à tardinha, e como o trabalho espiritual começa às vinte horas, podemos combinar para nos encontrarmos às dezoito horas. Assim sendo, virei buscá-lo em sua porta.

– Sim, um inválido como eu não faz nada mesmo! Respondi azedamente. Eu o aguardarei às dezoito horas.

– Muito bom. Mas, enquanto o horário não chegar, o dia será longo; então, leia um pouco. Tenho aqui um exemplar do livro *O Evangelho Segundo o Espiritismo*,[13] ele irá consolá-lo se o senhor se der ao trabalho de lê-lo.

O carro parou e desci. Meu horário já estava marcado, portanto, toda minha atenção estava voltada para a consulta que me aguardava.

A inquietação me levou a pegar uma revista qualquer para distrair-me – a inconsciência da espiritualidade é tão forte em nós que não dei o mínimo valor para o *O Evangelho Segundo o Espiritismo* que havia recebido e ficara esquecido na cadeira ao lado.

Assim passei o dia. O oncólogo[14] que me atendia prescreveu-me uma cirurgia, embora isso fosse apenas mais um paliativo. Eu estava, portanto, lutando contra meus pensamentos: "*poderei morrer na mesa de cirurgia, pois qual seria a diferença? Até seria preferível morrer estando anestesiado, sem sentir dor. Seria muito bom!*"

---

13 Da autoria dos Espíritos superiores e compilado por Allan Kardec, erudito pedagogo francês, em 1864 (NRT).

14 Médico especializado no estudo dos tumores (NRT).

Às dezessete horas, levantei-me, tomei lentamente um banho e, pronto para descer, lembrei-me do livro recebido. Com pouco caso folheei-o. Um título me chamou atenção: *Causas anteriores das nossas aflições*. Naquele instante, com muita curiosidade, li o texto rapidamente.

O motorista, do qual nem o nome sabia, chegou. Mal entrei no carro comecei a crivá-lo de perguntas.

– Calma, Sr. Júlio! Algumas das suas dúvidas serão esclarecidas logo mais.

Chegamos. Enquanto aguardávamos, continuei a leitura. Parecia um livro explicativo muito bom. Peguei várias mensagens e as li. A inquietação me incomodava. Parecia haver adentrado em outra dimensão, onde tudo era ampliado. Não desejava morrer mais. Percebi que a curiosidade me impulsionava para a leitura, meu Espírito ansiava sair da vida comum e doentia, até então levada.

– Nossa! Quanta novidade! Será tudo isso possível?

Fiz uma entrevista e fui instruído a submeter-me a uma série de passes; no entanto, falou a senhora:

– Provavelmente não haverá cura!

Novamente saí arrasado, novamente o desespero. De nada me valeu ter ido até lá. Como pude iludir-me para receber a notícia que já sabia? Não precisava ter saído de casa.

Desgraça! Tinha ímpetos de urrar desaforos contra

Deus, porém, não o fiz. Alguma coisa me "impedia". Não era nada imposto, simplesmente não enxergava o problema da mesma forma.

– Deus! Quem és? Justo ou injusto? Que causas determinantes estavam fazendo-me agonizar na doença desse jeito?

Naquela noite não dormi. A cabeça fervilhava e, para não enlouquecer, li o *O Evangelho Segundo o Espiritismo*. À medida que as páginas passavam por mim, ante meus olhos, mais curioso e confuso ficava.

O trecho que se reportava à família, à mãe, levou-me a pensar que meus pais, em Minas Gerais, não sabiam nem da minha doença nem do meu estado. Eu tivera pouco contato com eles, pois a vergonha de tê-los por perto era muito grande. Eram pessoas rudes do campo, contrários ao meu modo de vida e de situação financeira.

Ah! Quantas saudades! Pela primeira vez senti vontade de ter minha mãe perto de mim. Decidi-me: logo que o dia amanhecesse, iria telefonar-lhes, falar com eles.

Lágrimas quentes escorriam pelo rosto esquálido, parecendo aliviar meu íntimo. Há quantos anos não chorava? Nem lembrava. Acho que nunca chorei.

Como num relâmpago, toda minha vida me perpassou pela mente. Quanta besteira havia feito! Quanta coisa ruim eu havia provocado, inclusive o próprio câncer!

Como estava agora arrependido! Eu mesmo houvera contribuído para o atual estado. Talvez, se tivesse tido uma vida mais regular, se não tivesse desgastado tanto meu corpo, conforme estava lendo em *O Evangelho Segundo o Espiritismo*, não estaria em um estágio tão avançado da doença. Mas por que os nominados como "Espíritos" não queriam me curar? Seria má vontade? Ora, por que eu? Estava arrependido! Isso de nada valia?

Que noite longa e atribulada mentalmente!

Para minha surpresa, o dia amanheceu e, embora não houvesse pregado o olho, não me sentia como antes, algo havia mudado. No íntimo, eu estava melhor, não mais me achava tão abatido.

Levantei, fiz minha higiene como há muitos dias não fazia, e tomei meu desjejum como prescrito pelo médico.

Ansioso, liguei para minha mãe. Para meu espanto, a alegria dela foi tão grande que me contagiou. As lágrimas fluíram novamente, naturalmente e, com elas, o peso da dor, da angústia.

Pedi-lhe para que me visitasse com papai, precisava falar pessoalmente com eles e também vê-los, afinal há anos isso não acontecia.

Senti um imenso alívio em meu peito quando desliguei.

O interfone tocou. Sérgio, o taxista, queria ver-me.

Qual não foi minha alegria ao vê-lo e escutá-lo.

– Vim visitá-lo. Como se sente?

– Visitar-me?

– Sim, afinal o senhor está doente e sozinho nesta cidade; precisa de um amigo, de um companheiro. Estou oferecendo-me para servi-lo no que for preciso.

Ah! As lágrimas! Num impulso inexplicável, abracei-o.

"Amigo"! Entendi profundamente o verdadeiro sentido dessa palavra.

Desse dia em diante, meu estado de saúde se agravou.

Passei a receber em casa a visita dos "amigos espíritas" que vinham ministrar-me o "passe de cura". Abençoado passe.

Não mais saía de casa. O médico suspendeu a cirurgia, aguardando a minha morte, mas, no íntimo, isso não me machucava.

Mamãe, quando me viu, começou a chorar. Das lágrimas passou ao soluço. Naturalmente, porém sem saber como, brotava essa força interior em mim, e disse-lhe:

– Mãe querida! Sinto-me feliz, estou espiritualmente bem. Nesses poucos dias que entrei em contato com a Doutrina dos Espíritos, sinto-me completamente diferente, ajustado ao meu real estado. Eles me ensinaram que a cura não é do corpo, mas sim da alma. Se o Espírito estiver bem, tudo estará bem.

Ela permanecia calada.

– Mãe, é nisso em que estou agarrando-me. As dores desapareceram. Os Espíritos superiores me disseram que eu não ficaria curado, no entanto, na medida em que eu mudasse a forma de pensar, as dores iriam melhorando, tudo seria mais bem suportado.

- Mãe, acredite-me! Não sinto dores! Estou definhando, sei que estou indo, mas sem o sofrimento físico porque meu íntimo está saudável.

Ela se alegrou e parou de chorar. Vi através de seus olhos que tinha se acalmado porque entendera o sentido de meu pequeno discurso.

– Meu filho querido! Amo-o muito! Cheguei angustiada e aqui me deparei com a situação, pior do que poderia imaginar, no entanto, vejo e sinto que você está bem. Quero também ouvir os ensinamentos que tanto bem lhe fizeram. Deus já lhe abençoou!

As horas transcorreram, calmas, e sete dias mais tarde desencarnei.

Hoje, aqui no Mundo Espiritual, posso dizer a todos vocês: a melhor coisa que me aconteceu foi o câncer. Sem dúvida perdi minha vida cedo demais, porém, se não tivesse adoecido de forma tão brusca, não teria conhecido essa bela doutrina e, como consequência não teria feito a análise profunda da minha realidade.

Minha consciência, agora saudável, diz-me que estou no caminho certo. Estou lúcido das burradas cometidas e do que pude fazer em meu próprio benefício enquanto encarnado, naqueles últimos dias. Melhor ainda é saber do que poderei fazer.

Meus queridos amigos que me leem! Nós somos os detentores da nossa saúde. É através da nossa consciência que poderemos resolver todos os nossos problemas, através da nossa mudança interior, enfim, da nossa "reforma íntima".

O câncer fora previsto, em meu planejamento reencarnatório, como reajuste do passado, porém, se eu tivesse tido uma vida mais regrada, sem tantos abusos, não negligenciado a minha própria saúde, ainda assim a doença se manifestaria, mas com idade mais avançada e não tão arrebatadora.

Nessas circunstâncias, eu poderia ter aproveitado melhor a oportunidade da reflexão e de outros aprendizados que chegariam ao longo da existência.

Conhecendo essa Equipe de Cura que trabalha sob as determinações de Jesus neste Centro Espírita, engajei-me.

Ainda preciso espalhar essa maravilha que

aconteceu comigo e que encontrei, aqui, o mesmo sentido de trabalho e reforma íntima que houvera lido em *O Evangelho Segundo o Espiritismo*. O autoconhecimento com o esforço de mudança faz toda diferença em nossa existência.

Amigos, sou feliz!

Tudo aquilo que trazemos como causas anteriores e como tendências podem ser trabalhadas e transformar-se em causas da nossa felicidade no amanhã.

Só através de nós mesmos é que a saúde estará presente em nossa vida; só através do conhecimento de si mesmo, colocando o bom entendimento do valor do "si mesmo", é que poderemos favorecer-nos.

Não nos abatamos com as coisas que nos acontecem; ao contrário, aprendamos com os nossos próprios erros. As experiências, ou dito de outro modo, as oportunidades, são infinitas, todavia só são aproveitadas na medida em que nós as entendamos como alavancas de crescimento.

Amigos e irmãos, tenhamos a coragem de saber que sofremos por nossa própria culpa. Vejam o quanto de vida, literalmente falando, joguei fora. Fui o único responsável pelo meu sofrimento. A misericórdia de Deus me deu a oportunidade de vencê-lo, mesmo perdendo a vida – na verdade, apenas a matéria, porquanto minha vida imortal-espiritual sempre esteve salvaguardada, pois eu mesmo procurei "salvar-me".

Desejo-lhes, irmãos, que o relato da breve história de minha experiência lhes sirva de alerta.

Muita paz,

JÚLIO CÉSAR

RAQUEL

Raquel, eis o meu nome. Nasci em uma família espírita, no interior de São Paulo.

Cresci recebendo de meus pais ensinamentos evangélicos, bem como sua devida prática, no Centro Espírita que frequentávamos.

Sempre gostei muito de sentir-me alegre, de poder ajudar, de conviver com as pessoas mais carentes, principalmente os mais carentes de afeto, de amor, com dificuldades de expor seus sentimentos.

Ansiava muito por encontrar um amor que fosse eterno, que me permitisse formar uma família; desejava ter filhos e poder passar para eles o que houvera recebido.

Assim transcorria a vida. Era feliz e nada poderia alterar esse sentimento.

Então, conheci o Jaílson, rapaz que trabalhava comigo no escritório de uma empresa. Não era espírita.

Imediatamente me apaixonei.

Jaílson era alegre, jovem, e aderiu com muita facilidade às ideias por mim professadas. Encontrávamo-nos confiantes, trabalhávamos e estudávamos a Doutrina Espírita com muito amor e não menos perseverança.

Como tudo estava bem, marcamos o casamento. A data foi comemorada com muita alegria pelos amigos e familiares.

A cerimônia foi realizada em uma bela manhã.

Os meses foram transcorrendo, e o Jaílson foi mudando, tornando-se irritadiço. No Centro Espírita, não aparecia mais, tampouco nas orações do lar.

Comecei a entristecer-me. Meus sentimentos já não eram os mesmos, estavam mudando, e começava a afastar-me, principalmente, da vigilância interior.

Não me esforcei em nada, muito pelo contrário.

A situação começou a ficar muito difícil, insustentável, já nem tínhamos uma vida comum saudável. Meus desejos de família e de filhos foram desfazendo-se; meus pensamentos agora eram completamente contraditórios: não admitia, nem de leve, tornar-me mãe.

Jaílson se tornou ausente. Aparecia apenas para dormir, tarde da noite, e não compartilhava nenhum assunto comigo. Por minha vez, a casa parecia um presídio, no qual estava expiando um terrível passado. O amor se transformava em ódio.

Comecei, então, a provocá-lo, a instigá-lo nas tarefas e deveres que eu julgava serem devidas por ele. Em meus pensamentos, Jaílson precisava sentir o peso da minha insatisfação.

As acusações se multiplicavam, e a fé, que eu julgava ter, desapareceu. Como a justificar a desgraça que vivia, acusava os mentores espirituais, como se eles fossem os culpados e os grandes ausentes na ajuda que me deviam.

Enfim, os valores e conceitos morais nos quais acreditava ruíram: a religiosidade, a esperança e a paz já não faziam mais morada em meu íntimo.

Foram em vão as diversas ocasiões em que os companheiros de doutrina me visitaram para orarmos juntos, fazermos o *Evangelho no Lar*; simplesmente rejeitava-lhes, estava irredutível. Que fossem cuidar dos fracos e dos indefesos, porquanto eu me bastava a mim mesma. Enfrentaria sozinha os meus problemas, já que todos se colocavam contra mim, inclusive eles e os meus próprios pais.

Não aceitava nenhum conselho, acreditava que todos estavam desejando o meu fracasso. Inúteis eram as palavras de minha mãe para que eu voltasse a confiar no imenso amor de Deus.

E como era esperado, acabei doente.

O total depauperamento emocional produziu

o desequilíbrio do sistema nervoso, o que me levou a uma profunda depressão. Piorando a cada dia, o fígado começou a dar sinais de mau funcionamento, provocando uma disfunção sanguínea. Em suma, meu corpo enfraqueceu, perdendo seu tono vital.

O desânimo tomou conta de mim.

Sim, encontrava-me profundamente doente. Passava mais tempo entre a cama e o hospital do que em qualquer outra atividade.

Jaílson? Esse nem sequer em casa comparecia! Havia assumido uma moça, com a qual desde há muito mantinha um relacionamento, e colocou a culpa em minha doença. Ele se desculpava, estava "*apenas tentando refazer a vida*".

A verdade é que passei a odiá-lo e, intimamente, não queria mais pensar em qualquer sentimento que nos unisse. Soubera que já se relacionava com essa moça há bastante tempo, e essa fora uma das causas das mudanças ocorridas em nosso casamento.

Um dia, dormindo, mas não um sono profundo, pois mais parecia cochilar, porquanto pela minha debilidade orgânica me era fácil desdobrar,[15] recebi a visita de uma

15 Não é um bom nome para conceituar o fenômeno do transe espiritual, ou trânsito espiritual, no qual o Espírito, tendo em vista o afrouxamento dos laços neuro-químicos que o subjugam ao corpo, deste se afasta, penetrando, assim, no mundo espiritual. Poderá ter consciência disso ou não. O paciente, ao regressar ao estado de vigília, lembrar-se-á como se houvesse tido um sonho (NRT).

amiga espiritual. Não consegui identificá-la, porém, meu coração registrava o nosso conhecimento anterior.

Com semblante suave, voz calma, serenidade que transbordava, falou-me:

– Raquel, o que estais fazendo convosco mesma? Quem, pensais, estais a destruir?

Gaguejei. Não consegui articular nenhuma palavra. Ela prosseguiu:

– O vosso desatino é total! O que fizestes com todo ensinamento que vos foi passado na infância e na juventude? Por que jogastes fora o conhecimento espírita que ensina a cada um enfrentar as suas dificuldades com a fé raciocinada?

– Mas a culpa é do Jaílson! Foi ele quem arranjou uma amante e a ela se dedicou mais do que a mim! Largou o lar com o qual se comprometeu a formar comigo.

– Raquel, minha filha! A culpa não é dele nem de ninguém, exceto vossa mesma. Vós vos permitistes ser enganada por vosso cônjuge, o qual disfarçava um belo sentimento; vós não quisestes ver o que, em uma análise mais racional, encontrava-se bem à mostra.

– Não sou culpada, sou a vítima! Estou terrivelmente doente! Não vê?

- Calma, minha querida! Enfrentai a realidade com sabedoria. Não vos culpo, apenas quero que vejais os fatos como realmente são, que compreendais o quanto vós precisais fazer alguma coisa por vós mesma. De forma alguma tornar-me-ei conivente com o vosso próprio erro nem deixarei que continueis a vos iludir; também não estou a vos dizer que o nosso irmão Jaílson não tenha sua parcela de responsabilidade, todavia, ele não é o responsável pela vossa destruição. Sendo assim, acalmai-vos! Apenas penseis.

– Você está me perturbando! Chega! – Levantei a voz, quase exasperada.

– Bem, se é assim, vou deixar-vos, mas antes vos digo ainda: só vós podereis vos curar; não queirais vos iludir ainda mais.

Acordei, ou melhor, recobrei minha total lucidez.

Ficara empapada de suor, fria, trêmula, e com uma sensação de inutilidade. Havia dentro de mim uma grita. No âmago, eu bem sabia que as palavras ouvidas eram verdadeiras, contudo, a minha vaidade e o meu orgulho não me permitiam assumir essa verdade e, assim sendo, era-me mais fácil culpar o outro pela minha queda.

Nos dias subsequentes, a prostração aumentou.

A internação foi fatal; precisei receber soro e medicação intravenosa, a fim de não sucumbir. Encontrava-me à beira da morte; no entanto, as palavras da "amiga invisível" não saíram mais da minha mente.

Como a buscar os recursos necessários, no âmago de mim mesma, no sexto dia de minha angústia, os ensinamentos aprendidos, em um tempo que parecia muito distante, foram ficando lúcidos, vívidos, claros. Tudo começou, naquele momento, a fazer sentido racional para mim.

As aflições do passado, bem como o que Jaílson representava nesse contexto, começaram a ganhar inteligibilidade e comecei, além disso, a perceber o quanto eu mesma havia criado minhas aflições atuais, porquanto, cega pela paixão e pelo orgulho, deixei-me conduzir pela fraqueza da minha própria vontade.

Finalmente, tornou-se claro que eu, e apenas eu, precisava cuidar de mim. Necessitava e desejava ser uma mulher saudável, cônscia das minhas responsabilidades, enquanto Espírito reencarnado, cuidando de minha própria evolução moral.

Comecei a voltar daquele torpor que acabaria por levar-me à morte.

Fiz, então, depois de há muito tempo, uma prece fervorosa. O alívio me desceu como bálsamo.

Mamãe veio visitar-me naquele dia e, juntas, fizemos uma rogativa a Deus. Aquele foi o momento inicial da minha cura. Para espanto dos médicos, dois dias após recebi alta. Estava transformada! Como que por encanto minhas queixas sumiram, apenas queria viver.

Depois de tanta dor, de tanta aflição, e de tantos tormentos psíquicos, encontrava-me calma.

Embora o corpo estivesse totalmente debilitado, minha consciência, pela primeira vez, estava livre para compreender, inclusive, que o atual estado de fraqueza do corpo acontecera pela minha própria queda: culpa emocional.

Eu fora o monstro, a cientista maluca que criara, pela força de minha imaginação, a doença que agora me consumia.

Sim, tenho nesse momento a fina, sutil consciência, de que a culpa fora minha. O corpo não tinha mais cura, porém, não estava mais sentindo-me paralisada pelo sentimento negativo da falta de saúde.

Não posso negar que me encontrava com remorso, no entanto, achava-me resolvida em meu íntimo, pacificada. Era um sentimento de calma, de tranquilidade, por estar fazendo agora a coisa certa: estava amando a mim mesma!

A Doutrina Espírita estava ensinando-me, pela dor, a ser um Espírito melhor; a prestar mais atenção em mim; a cuidar-me mais para minha cura definitiva. Essa é a saúde verdadeira do Espírito.

Passei a entender, naqueles idos, que cabia a mim fazer diferente. A mudança moral entrara, definitivamente, em minha consciência.

Dir-me-ão os amigos: "*mas você está morrendo! Seu corpo já terminou, está gasto, não funciona mais!*".

Tenho a lhes responder, meus irmãos queridos, que a morte apenas significa deixar o corpo físico, pois a vida continua.

Gosto de pensar que a vida está apenas começando, e eu, como um bebê, engatinhando no terreno dos costumes morais.

Como foi importante sofrer! No entanto, melhor ainda foi sair do sofrimento não pela morte do corpo que se me apresentou, mas com a consciência do caminho a seguir. Essa saída se dá pela tomada de consciência dos erros e pelo estabelecimento de uma mudança efetiva, de uma vida nova. A cura se dá nesse nível e não apenas no corpo físico, pois essa é a cura aparente.

Só ficamos doentes porque o nosso Espírito, nosso entendimento, encontra-se doente; nosso corpo só exterioriza o que antes já estava dentro dele.

Neste ponto da minha existência, a cura se estabeleceu mentalmente, apesar da morte de minha contraparte material.

Agora e aqui, no Plano Espiritual, eis-me feliz revendo meus erros, reequilibrando meu Espírito, curando as feridas ainda impregnadas em meu perispírito.

Vivo bem, sou alegre, ditosa.

Creiam-me, sou feliz, graças a Deus!

RAQUEL

CARLOS

Estou "aqui" meio revoltado.

Morri achando-me bem, sem problemas. O desencarne para mim era tido como algo natural, e não tive nenhuma dificuldade em enfrentá-lo.

Vivi apenas 40 anos.

Mas hoje, sabendo do real motivo de minha morte, sinto-me revoltado. Encontro-me agora em tratamento.

Atravessei a vida razoavelmente, seja dito, sem grandes abalos, pensava. Mas sou, talvez, o ser que a passou na maior ilusão. Digo isso porque vivia tranquilamente, isto é, vivia considerando-me um bom trabalhador de Jesus – eis minha vã ilusão!

E como era um tremendo iludido. Talvez esse seja o motivo pelo qual sinto atualmente tanta raiva.

Laborei por muito tempo em um "trabalho espiritual" que visava à cura e, nele, presenciei a real mudança moral, bem como, por consequência, a respectiva e efetiva cura de várias pessoas.

Eu era um médium passista, um doador de fluidos curadores para pessoas que se encontravam debilitadas.

Como pude enganar-me tanto? Como deixei passar a análise de mim mesmo e achar doenças somente nos outros? Como pude achar que era especial, privilegiado, e que só os outros, por serem imperfeitos, encontravam-se doentes?

Estou profundamente chocado com tudo o que aconteceu.

Não posso agora iludir-me mais, porém, ainda me encontro bastante relutante na aceitação dos fatos.

Embora possuindo o conhecimento da Doutrina Espírita, apenas a enxergava nos outros. Explico-me: os outros eram doentes porque mereciam esse mal, enquanto eu era sadio por ser um "trabalhador, uma pessoa boa" etc. Enfim, eu era "o ótimo" e, por esse motivo, não portava doença alguma.

A minha vida, então, era ter uma família, ter um trabalho profissional com um bom salário e cumprir, razoavelmente bem, as tarefas decorrentes dessas duas atividades. Também fazia o culto do *Evangelho no Lar*, mas apenas para ensiná-lo à minha esposa e filhos. Afinal, era minha missão cuidar da evolução do próximo. Assim sendo, sentia ser eu aquele que iria encaminhar os Espíritos ao progresso.

Por esse motivo, também olhava com desdém para os doentes que procuravam o Centro Espírita para curar-se.

Ora, que coisa mais esdrúxula! Como pude passar uma vida inteira considerando-me "um mensageiro"?

Quando desencarnei, permaneci por um bom período em perturbação, até que me deparei consciente comigo mesmo, estando internado em um hospital.

– Que faço aqui? – Meu espanto foi total e tão-somente pelo fato de encontrar-me hospitalizado. Estranho, muito estranho esse acontecimento.

Fui informado de que me achava no Mundo Espiritual, e estava sendo tratado. E já estava internado há dois anos, pelo tempo contado na Terra.

Tentei interromper a narrativa do Dr. Celso várias vezes, tentei argumentar que ele estava contando-me muita babaquice.[16]

– De quem o senhor está falando, doutor?

Em vão. Ele, com toda educação, com toda e muita compreensão e tolerância, não me permitia falar. Colocava sua autoridade moral muito sutilmente, porém, com uma firmeza indiscutível.

Eu havia desencarnado por um enfarte fulminante. Não houve tempo nem atenuantes: simplesmente desencarnei.

– Por que não fui ajudado? Socorri tanta gente!

16 Tolice; coisa superficial (NRT).

Trabalhei vários anos como médium passista, ajudando nas curas! Que é isso? Que injustiça é essa? Vivi preocupado com a evolução de todos os próximos que encontrava!

– Acalme-se, Carlos, acalme-se; saberá e compreenderá tudo.

– Quero; não, exijo uma explicação! Onde está o meu mentor? Como ele permitiu que esse ultraje acontecesse comigo?

Gritava, berrava por explicações coerentes e, mais ainda, exigia que reparassem o erro.

E como nesse estado não me era possível nenhum entendimento, imediatamente me foram aplicados passes calmantes que me adormeceram.

Por várias vezes esse mesmo descontrole se repetiu e, por algumas semanas, permaneci mais adormecido do que vigilante.

Eu, "o bom", não tinha o menor discernimento, pois não entendia como pudera ter uma morte dessas.

Não podia ser verdade! Não sofria de nenhuma doença! Era muito bom, pacífico, honesto, trabalhador... Como explicar tal fato? Só poderia ter havido algum engano.

Aos poucos, com o amparo dos amigos e médicos espirituais, fui acalmando-me. Com aqueles destemperos emocionais acabei por agravar meu estado geral, porém, o auxílio foi maior e pude começar a compreender.

Procurava manter-me calado quando Evaristo, um antigo amigo, conforme esclarecimento dele mesmo, visitava-me e me contava alguns fatos que acabaram por despertar-me para realidade.

Evaristo foi e é até hoje o amigo sincero, o encarregado de esclarecer-me, de fazer o trabalho fraterno do atendimento que eu muitas vezes havia feito na Casa Espírita.

Conforme ele falava eu ia fazendo as ligações entre as minhas atitudes e como elas deveriam ter sido feitas. O verdadeiro Carlos começava a ser delineado diante de meus olhos. Estava impressionado com a vida ilusória que tivera.

Com o meu temperamento raivoso, meu desequilíbrio emocional, minha intolerância, meu imenso orgulho, e com a prepotência da minha vaidade, consegui desencadear um processo de desgaste do meu próprio sistema nervoso. Tudo isso, aliado à má alimentação e aos vícios – porquanto ainda bebia e fumava socialmente –, bem como à má qualidade de vida – pois também dormia tarde, assistindo os filmes violentos e excitantes –, fez com que meu coração não aguentasse.

Tive que admitir: falhara!

Assim sendo, com o entendimento dos meus erros, o orgulho foi ficando "ferido" e fui compreendendo que a minha culpa, acionada pelo remorso, não era mais incompatível com a minha vaidade, porquanto esta, agora, achava-se em frangalhos. Estava, literalmente, no "fundo do poço", como costumamos dizer.

Todas as minhas ações do passado não me serviram para nada neste meu presente, pois não as havia feito por dever, mas sim por ilusão, por ganância dos bens espirituais, por vaidade, e por incompreensão das Leis de Deus.

Havia, por orgulho, distorcido os ensinamentos de Jesus, tão bem esclarecidos pela Doutrina Espírita, e fizera isso única e exclusivamente para satisfação de meu orgulho e de minha vaidade.

Então, por ter obtido uma noção bastante clara de mim mesmo, a raiva desse ser, chamado Carlos, cresceu.

Sei, por ter disso plena consciência, ser ainda o meu orgulho que não me deixa curvar diante das evidências, apresentando-se raivoso para mascarar o erro.

Evaristo, meu bom amigo, tem me incentivado a combater esse estado íntimo com bom ânimo e perseverança.

Acredito que poderei melhorar meu corpo espiritual, o qual ainda sofre danos através das dores na cabeça, no peito, e através dos enjoos e do mal-estar.

Quero transmitir aos irmãos que me leem: façam, a cada dia, um profundo exame de consciência, a fim de consertar os erros no mesmo instante; joguem fora, imediatamente, os vilões das histórias vivenciadas a cada momento, que são o orgulho e a vaidade; apeguem-se ao *Evangelho Segundo o Espiritismo* com o entendimento iluminado pela fé raciocinada e não com falsas ilusões.

Tenho ainda muito a aprender, a trabalhar, e por isso persevero. Mesmo carregando dentro de mim um sentimento destrutivo – a raiva –, estou procurando superá-la, construindo-me para tornar-me um ser melhor.

Parece que estou "falando de orelhada",[17] sem perceber o que de bom posso estar dizendo, como fazia antigamente. Mas não é isso, creiam-me. Estou convicto, estou apostando minha vida no que digo!

Essa fé, aprendida, está direcionando-me, embora já houvesse dito que "ainda carrego muitas contradições em meu íntimo".

Não somos robôs mutantes conforme a programação, somos seres milenares com hábitos adquiridos pelos vícios enraizados desde há muito. E, assim sendo, não nos é possível querer ter a pretensão da mudança imediata.

Não somos meros fantoches sem emoções, precisamos da reforma interior, acrescida da disciplina, da perseverança e da fé inabalável.

Lembremo-nos de Paulo que, embora tendo mudado sua vida na estrada de Damasco, continuava dizendo:

---

17 Gíria: "por ter ouvido dizer".

"faço o que não quero e não faço o que quero."[18] Isso nos mostra uma pessoa com fé inabalável, porém, a força do hábito, dos vícios, em seu caráter, ainda lhe martirizavam.

Precisamos muito de um burilamento e, pelo que vejo, essa disciplina nos "perseguirá" por toda a eternidade.

Na colônia em que vivo,[19] tenho tido inúmeras oportunidades de trabalho e também aprendido que nós curamos a nós mesmos.

Isso posto, então não existem milagres. Cada instante vivido por nós merece atenção e continuidade através da observância dos exemplos de Jesus.

Oh, Mestre! Que bom termos os seus ensinos! Como é bom sabermos da existência da própria cura!

Avisava-nos: *"vai, a tua fé te curou; não voltes a pecar para que algo pior não te aconteça".*[20] Esse exemplo nos move ainda hoje.

Amigos! Enquanto estou aqui escrevendo, percebo dentro de mim a vivacidade, o despojamento da raiva e, imediatamente, experimento a vida a movimentar-se em mim.

Evaristo continua sendo o amigo incansável. Digo-lhes, sem medo de errar, que cada um de nós possui um "Evaristo" a amar-nos e instruir-nos.

---

18 Rm 7:15 (NRT).
19 Em São Paulo (NRT).
20 Jo 8:11 (NRT).

Aprendi também que ninguém, nem mesmo Jesus, poderá fazer por nós o que nos compete.

"Batei e a porta ser-vos-á aberta".[21] Mas não bata apenas, construa um mundo íntimo capaz de agir bem em benefício próprio e de todos aqueles que lhe cercam.

Precisamos seguir confiantes, pois Deus nos ama e nos quer vivos e saudáveis. Que "Ele" nos inspire e nos guie.

Fiquem em paz.

CARLOS

21 Mt 7:7; Lc 11:9 (NRT).

ANGÉLICA

Sempre reclamamos.

Vivemos em um mar de infortúnios íntimos. Como é duro estarmos vivos! Além das dificuldades que o mundo nos oferece, ainda temos que aguentar a doença, a dor...

Meu nome é Angélica. Nasci em uma família conservadora, católica; éramos da classe pobre, mas não miseráveis. Meu pai trabalhava como sapateiro e minha mãe como lavadeira. Ambos mantinham a nossa casa com muito rigor.

Éramos três irmãs, todas criadas nas lides domésticas; ajudávamos nossa mãe em tudo quanto era possível.

Educadas para o casamento, pois era da tradição assim sermos conduzidas, vivíamos na esperança da chegada dos "príncipes encantados".

Os anos passavam lentos, contudo vivíamos em relativa paz.

Aos dezessete anos se manifestou em mim uma disfunção hormonal e, de pronto, fui levada ao médico. Embora com pouca idade, apareceu em mim um útero doente, de aparência envelhecida. Os poucos exames que fiz apontaram para uma mulher inútil na maternidade.

Desesperei-me, porque era o meu maior sonho o casar e ter filhos. "*Dessa forma não se casará*", diziam as mulheres mais antigas, "*pois nenhum homem vai querer se casar com uma mulher inútil; qualquer um deseja construir a sua descendência, o nome da família precisa prosseguir!*".

Eram esses pensamentos angustiantes que povoavam minha cabeça na década de 1960.

É claro que papai e mamãe corroboravam com essas ideias, e até minhas irmãs começaram a relegar-me ao pouco caso.

As coisas pioraram quando minha irmã mais nova – a caçula – casou-se, por sinal, grávida, o que seria uma desonra para a família toda; no entanto, logo que o guri nasceu, as coisas se ajeitaram. Afinal de contas ela estava casada e dera à luz um lindo menino, "homem macho" que iria dar sequência ao nome pomposo da família paterna.

Para mim, a angústia, ou o que hoje chamamos "depressão", instalou-se de forma rude e rápida.

Em uma tarde de outono, na qual o Sol brilhava, mas

o friozinho embalava meus pensamentos, saí decidida a terminar com aquela minha aflição intensa. Andava pela minha bela cidade, Curitiba,[22] procurando um lugar ermo, porém, com árvores e um jardim, pois, na minha cabeça, a ideia de morrer enquanto fosse bela ainda persistia: eu queria parecer bela em um lugar igualmente belo.

Chegando ao local que melhor me convinha, aproximei-me de uma pedra, sentei-me e comecei a ler um papel que me haviam dado no trajeto. Era uma mensagem de um Espírito e fora escrita por Chico Xavier.[23]

Li-a, atordoada por um impulso que parecia não haver surgido de mim. Era como se alguém conduzisse a leitura.

Com o desenvolver do tema que falava sobre a vida, não reparei que alguém se aproximou. Como meu estado era quase catatônico, e mesmo porque o lugar se achava deserto, nada percebera. Assim sendo, assustei-me quando disse:

– Boa tarde, irmã! Como se sente?

Debilmente levantei a cabeça e meus olhos vislumbraram um rapaz, jovem de seus vinte e sete, vinte e oito anos, cheio de vida e com boa aparência.

---

22 Capital do Estado do Paraná, Região Sul do Brasil (NRT).

23 Ou Francisco Cândido Xavier (1910/2002), nascido em Pedro Leopoldo/MG, e o mais conhecido médium espírita do mundo por haver escrito, psicograficamente, cerca de 420 livros, dos mais variados autores desencarnados, sobre os mais variados assuntos, e mais de 10.000 cartas do Mais Além (NRT).

Fiquei encantada.

Rapidamente, como num retrospecto interior, lembrei-me da doença, do desespero e do motivo pelo qual lá estava. As lágrimas, incontidas, escorriam-me pelo rosto. Não consegui responder-lhe.

Todos esses pensamentos confusos, perturbados, plenos em seus desequilíbrios, levaram-me a pensar que Deus me mandara aquele rapaz para resolver minha vida.

Era claro! Ali estava um milagre! O rapaz me conduziria ao altar! E quem sabe o milagre se estenderia para a maternidade?

Imediatamente, senti-me amada, pronta para uma nova vida. Deus me escolhera e o milagre acontecera!

Olhei bem para o homem jovem; as lágrimas já secas me permitiam falar com clareza:

– Já me sinto melhor. Como posso lhe agradecer se nem sei o seu nome?

– Chamo-me Otávio e não quero que me agradeça. Deus me enviou para lhe entregar a mensagem que irá mudar a sua vida. Fique com muita paz.

E rapidamente como chegou, foi embora.

Eu, no entusiasmo que de mim se apossara, nem me preocupei em saber onde morava e nem como poderia reencontrá-lo. Deus proverá tudo, considerava; ele já estava prometido para mim.

Acalmei-me, refiz-me, aprumei-me, e voltei para casa.

No meu ilusionismo, sentia-me curada, mas hoje compreendo que estava mais doente do que nunca, porquanto torcera toda oportunidade de aprendizado que Deus havia me concedido.

A mensagem ficou de lado – no lixo, para ser mais exata. Com o passar dos dias o desespero retornou, pois Otávio não viera em minha casa.

Comecei, então, a viver como se casada fosse. O delírio da incompreensão me provocou um estresse nervoso e piorei em tudo. Novamente o suicídio se me apresentou como sendo a única saída possível.

Deus havia me traído.

Como nem tinha forças para sair de casa, comecei a procurar uma forma mais simples de acabar com a vida.

A preguiça me dominou. Como estava obscurecida pela ilusão! Pensava eu que o rapaz encontrado no parque poderia ressurgir em minha frente de um momento para o outro. Como delirava!

Mas a Justiça e a Misericórdia Divinas não nos abandonam; são nesses momentos de agruras que mais estão presentes em nossas existências, porém, somos tão cegos que não as enxergamos.

No afã de ver-me curada, minha mãe procurara ajuda. Sem que eu soubesse, ela estava frequentando um

Centro Espírita e fazendo um "trabalho de vibrações"[24] para minha saúde.

A recomendação fora para que eu mesma procurasse a minha melhora, a minha cura; não seria possível, sem a minha vontade própria, curar-me. Aos poucos ela foi falando e convidando-me para conhecer melhor o Criador, infinitamente bondoso e amoroso.

Nada me demovia, entretanto.

Então, uma companheira espírita veio visitar-me e, com uma conversa amena, porém incisiva, convidou-me a escutar o *Evangelho Segundo o Espiritismo* naquela noite. Como uma autômata, fui levada por minha mãe até o Centro Espírita no qual algumas poucas pessoas se reuniam.

Lá ouvi a pregação evangélica que falava sobre as "*Bem-Aventuranças*"[25] e depois, ainda completamente apática, levantei-me e adentrei numa pequena saleta para receber o passe.[26]

---

24 Atividade bastante comum nos Centros Espíritas, e que consiste na união das mentes pensantes dos presentes em torno de um determinado assunto, pessoa ou Espírito, pois entendem os espíritas que a mente cria e emite vibrações energéticas, ou ondas vibratórias, ou ondas mentais, de diversas e expressivas qualidades morais e de intensidades variadas, conforme a nossa vontade e o nosso sentimento. Os espíritas, em conjunto com os Espíritos superiores, somente agem para a produção do Bem, como no caso em pauta (NRT).

25 Capítulos V, VII, VIII, IX e X, do *Evangelho Segundo o Espiritismo* (NRT).

26 Outra atividade bastante comum nos Centros Espíritas e que consiste em, mantendo as mãos afastadas uns 15 cm do corpo do

Quando me levantei, percebi haver ocorrido algo diferente em meu íntimo; passei a sentir uma emoção muito forte, uma saudade não sei de quê nem de quem, bem como estava ligeiramente tonta.

Qual não foi a minha surpresa quando, sentada em um banco no corredor de saída para refazer-me, alguém me estendeu um copo com água e me disse:

– Como se sente? Tome esta água, sentir-se-á melhor.

Sua voz era inconfundível! Lá estava Otávio novamente estendendo a mão para ajudar-me.

A euforia tomou conta, mais uma vez, de meus sentimentos, no entanto agora era diferente, pois estava mais lúcida, mais consciente. O delírio não penetrou em minha mente.

– Angélica, recorda-se de mim?

Olhei bem para aquele rapaz alegre, jovem, bonito, sentado ao meu lado, e nada lhe respondi. Estava como anestesiada.

– Angélica, quero convidar-lhe para uma entrevista aqui no Centro a fim de podermos ajudá-la com os passes e o *Evangelho*...

Interrompi a sua fala e, num ímpeto, perguntei-lhe:

---

paciente, passá-las sobre as regiões afetadas. Trata-se, na verdade, de uma transferência psicobiofísica de fluido vital e, para isso, os médiuns passistas contam sempre com o auxílio dos Bons Espíritos (NRT).

– Como você me encontrou aquele dia na praça? Apareceu como um anjo! Por que não me procurou mais?

– Calma, Angélica, responder-lhe-ei todas as questões, porém, hoje ainda tenho trabalhos a terminar nesta Casa. Amanhã é sábado, irei visitá-la em sua casa às quinze horas.

Nem preciso falar-lhes da minha ansiedade nem do "certo" desequilíbrio ocorrido comigo.

A ânsia, bem como o desejo de ter aquele rapaz ao meu lado, era imensa. Queria realmente conversar, dizer-lhe das minhas angústias e tristezas.

Ao mesmo tempo reparei que, no âmago, meus pensamentos buscavam analisar os meus sentimentos com os ensinamentos evangélicos ouvidos hoje. Algo estava em contradição dentro de mim. Não era possível dar asas ao meu imaginário.

Decidi acalmar-me e esperar com serenidade o dia seguinte.

A batida na porta, já esperada, tirou-me do torpor no qual me encontrava.

– Boa tarde, Angélica.

– Seja bem-vindo. Entre, por favor.

Encontrava-me sozinha na sala. Minha família havia se ausentado para que eu pudesse conversar pacificamente e com bastante liberdade.

– Angélica, sei da sua angústia e quero, sinceramente, dizer da minha amizade para com você. Recebi informações dos Amigos Espirituais que me informaram da nossa ligação no passado.

– Fomos ligados no passado? Você quer dizer que fomos casados? Isso explica, então, meu sentimento para com você...

– Espere..., espere, Angélica! Você está confundindo as minhas palavras. Sabendo do entendimento que você está dando à minha visita na praça, os Amigos Espirituais me pediram que eu a esclarecesse de acordo com as informações por eles dadas.

– Está bem, vou acompanhar seus esclarecimentos com muita atenção.

– Angélica, por favor, antes de começarmos, vamos ler o *Evangelho Segundo o Espiritismo* para nos harmonizarmos com o Plano Espiritual. Peçamos que os Bons Espíritos nos esclareçam.

– Bem, iniciemos...

– Angélica, você não desconhece que o Pai, nosso Criador, sabe tudo o que nos acontece; portanto, em nome de Jesus, que é o caminho que nos leva até "Ele", também sabe, e assim manda seus enviados para ajudar-nos, vou explicar-lhe o que aconteceu.

- Através do seu nome, deixado no Centro Espírita por sua mãe, para as vibrações, os Mentores Espirituais indicaram no diagnóstico que eu me aproximasse de você com a finalidade de demovê-la do pensamento negativo de suicídio que lhe perturbava. Faço parte do Grupo de Samaritanos, grupo este que visita as pessoas para alívio de suas dores. No entanto, não era só isso, já existia entre nós uma profunda ligação, porquanto, no passado, fomos irmãos.

– Irmãos?

– Sim, irmãos consanguíneos; por isso, esse sentimento de amor "fraterno" a unir-nos.

– Ah! Sim, amor "fraterno"...

– Sim, Angélica. Você, realmente, tem um sentimento bom e profundo porque, espiritualmente, reconheceu-me como Espírito, mas não como homem. Seu estado de desequilíbrio lhe provocou a ansiedade e o entendimento confuso do amor que julga sentir por mim.

– Bem, estou de certa forma aliviada! Quero dizer, bem aliviada.

- Como sou médium, segui as instruções espirituais no parque, quais sejam – entregar-lhe uma mensagem valorizando a vida e falar-lhe pouquíssimas palavras de otimismo e ausentar-me. Sua reação, no entanto, foi de extrema carência, confundindo o amor fraternal que nos une.

– Agora, Angélica, quero que entenda o seguinte:

buscar a cura para o corpo físico é a consequência de uma mudança espiritual, de uma mudança dentro dos padrões evangélicos. O corpo físico somatiza o que está em nossa mente, em nosso Espírito, gravado no perispírito, de modo que somos nós mesmos quem provocamos as nossas doenças. Assim sendo, a fuga pelo suicídio apenas agrava, de forma bastante acentuada, os nossos problemas, quer sejam físicos ou sentimentais, materiais ou espirituais.

A nossa Doutrina Espírita nos informa, e bem, trazendo-nos o entendimento das Leis Divinas. As aflições decorrentes de nossas vidas passadas podem ser atenuadas ou resolvidas de acordo com a nossa conduta ou, ao contrário, poderão ser bastante agravadas pelas aflições do presente.

– É, Otávio!... Agora, conversando com você, percebo como estraguei minha vida!...

– Angélica, todos nós temos motivos de sobra para sermos felizes, contudo todos nós levamos a vida como se fosse uma corrida para o tudo ou o nada. Quando estudamos com afinco as lições da Doutrina Espírita compreendemos, pelo entendimento, que no fundo não existem sofrimentos, o que existe é o entendimento errado das Leis Divinas.

– Entendemos que o erro está em nossa carência afetiva e esta nos leva ao profundo desencontro de nós mesmos. Angélica, somos filhos de Deus e dotados de todas as capacidades divinas, a começar pela inteligência, conforme a pergunta número 1 de *O Livro dos Espíritos*.[27]

– Ah! Lembro-me bem dessa pergunta, na preleção de ontem ela foi citada e comentada, todavia a entendi no sentido negativo, pois sentia a vida como um engodo. Questionei-me como Deus, Inteligência Suprema, Criador de tudo, poderia criar tantas dores, tantos desenganos, tantas misérias e tantas aflições?

– Ora, Angélica, não sejamos infantis! A nossa Inteligência, o nosso entendimento, não pode aceitar isso. "*Deus é amor*"[28], ensinou-nos Jesus, e assim nos criou. A falta do entendimento desse princípio básico e fundamental é a causa, em nós, de toda infelicidade. O mal está em nós, em não compreendermos Deus na Sua magnanimidade. Olhe a vida com outros olhos e a própria vida sorrir-lhe-á. Viva, não deseje mais matar-se.

Bem, por hoje basta. Quero pedir-lhe, "irmãzinha", que nesta semana você reflita bem no que lhe falei e que, lendo o *Evangelho Segundo o Espiritismo*, perceba o que realmente está acontecendo com você.

– Querido irmão, agradeço-lhe pelos esclarecimentos. Sinto-me mais calma, principalmente mais animada; estou ansiando pela vida. Quero sim viver

---

27 Ei-la: *"Que é Deus?"*. Resposta: *"Inteligência suprema, causa primária de todas as coisas"* (NRT).

28 Conforme 1 Jo 4:16.

e poder mudar tudo de errado que se encontra em meu interior.

Lágrimas rolaram pelo meu rosto, mas eram quentes e doces. Eram lágrimas de alegria e de reconforto.

Desencarnei cerca de vinte anos depois. Com a mudança radical de meus pensamentos e atitudes para com a vida, consegui estancar um processo de câncer que já havia dado os primeiros sinais.

Esforcei-me o quanto pude para, na vida de mulher solteira, sem filhos, manter-me equilibrada. Custou, mas consegui, graças ao trabalho com crianças carentes, no qual ao mesmo tempo em que doava um pouco de mim recebia afeto, carinho.

Quando despertei da perturbação do desencarne, encontrei-me amparada, feliz. A paz íntima da prova superada me levou rapidamente a superação dos resquícios da doença com a qual desencarnei.

Sou grata a Deus, a Jesus, a todos os amigos encarnados que me auxiliaram nos piores momentos da minha vida. Agradeço, em especial, ao meu Mentor amigo que nunca me desampara, inclusive encaminhando-me para este refúgio de hospital escola, Lar Maria de Nazaré, onde tenho trabalhado e aprendido a amar incondicionalmente.

ANGÉLICA

SABER VIVER

Nem sei por que comecei a escrever, também não sei por que comecei a lembrar-me, com muito vigor, do meu passado longínquo. "Longínquo" porque, com setenta e três anos, a minha infância acontecera fazia um longo tempo.

Colocava no papel fatos importantes, acontecimentos alegres e divertidos passados com parentes e amigos, mas aquilo que as palavras escritas consumia era a descrição dos sentimentos marcantes daqueles eventos.

Ah! Meus amigos! Como cada um de nós é assinalado pelos sentimentos vividos!... Comigo não foi diferente.

Agora, aqui no Plano Espiritual, mais livre das perturbações e angústias da doença vivida na carne, posso escrever com veracidade e tranquilidade.

Quando minha filha mais nova faleceu, a vida para

mim se tornou um fardo, fui apossada de uma profunda tristeza. Ela era alegre, sempre trazia consigo o ânimo, o "amor à vida", como ela mesma dizia.

Cinira tinha quarenta anos quando soube da doença infernal que a dobrou. O câncer na região reprodutora fora encontrado já em estado muito avançado.

Não obstante, Cinira não se intimidou. Era do seu caráter sempre reagir com bom ânimo a todas as adversidades que com ela aconteciam.

Conversou comigo como se conversa com uma criança, explicando muito calmamente o que estava vivenciando no corpo físico.

Eu me revoltei; em uma palavra: desesperei-me.

Comecei a sentir faltas de ar, sudoreses, dores na cabeça, e fui dessa forma parar no pronto-socorro do hospital mais próximo. Ficou evidente que eu dava trabalhos e, como consequência, preocupações, a quem deveria receber apoio.

Naquele momento, transformei-me na pior companhia que Cinira poderia encontrar.

Quando, uma semana depois, voltei para casa, meus outros filhos me aguardavam preocupados e ansiosos:

– Mamãe, não é possível um acontecimento como esse! O que está ocorrendo com a senhora? Tudo estava bem! Seu surto, inesperado, pegou-nos desprevenidos! – disse Beatriz, a filha mais velha.

Clara, César e Maurício nada disseram, porém, percebi, no íntimo dos seus olhares, a tristeza de cada um.

Eu era viúva. Morava sozinha, pois cada qual possuía sua própria família, no entanto, acudiam-me em tudo que precisava. Meus filhos, percebi, nada sabiam em relação à Cinira.

Essa minha "pobre" filha, a qual estivera no hospital com mais frequência, também foi a que me trouxe para casa.

– Vamos, vamos, mamãe! Sente-se aqui na varanda, acomode-se bem, e repouse.

Obedeci sem pestanejar. Somente aquiesci, sem nada perguntar, sem nada comentar.

Aos poucos fui ficando só. A casa vazia me trouxe o repouso necessário. Apenas Margarida, a mulher que me auxiliava, permanecia, mas esta em nada me incomodava.

No dia seguinte me sentia muito melhor, pois ver meus filhos bem e estar em casa promoviam-me extremo alívio. Cinira chegou e, com ela, uma tremedeira interna.

– Filha! Estava lhe esperando! Conte-me que foi um sonho mau o que ouvi! Que nada existe de doença, que você está bem!

– Mamãe, não posso! O que a senhora me pede é

impossível de dizer. Estou realmente muito doente corporalmente, contudo meu Espírito está alegre.

– Mas, filha!... Não compreendo! Como pode estar feliz com uma doença que poderá matar-lhe? Essa doença é terrível!...

– Apenas entendo que sou imortal, filha do Pai amoroso, extremamente justo, o qual apenas permite o mal em mim para que eu pague o mal que provoquei a alguém no passado.

Mamãe! Estou hoje, talvez, vivendo meus últimos dias aqui encarnada, mas guardo a certeza de que continuarei vivendo de uma forma melhor após a morte, por estar esforçando-me para isso. A doença é ruim, é uma expiação, mas espero vencê-la com coragem e resignação; isso fará com que desencarne melhor, deixando as coisas ruins neste corpo físico.

– Filha, ainda não lhe compreendo! Fale-me um pouco mais, explique-se melhor, a fim de entender-lhe. Deus está lhe castigando por quê?

– Não, mamãe, Deus não está me castigando! Deus está me dando a oportunidade de refazer o que fiz de errado com outra pessoa. O Espiritismo – a Doutrina dos Espíritos –, em que acredito, esclarece que devemos entender a profundidade dos ensinamentos de Jesus e, através dos entendimentos deles, buscar a nossa cura.

Mamãe! Sei que não ficarei curada do câncer nesta

vida e essa doença me levará em breve, no entanto, estou feliz porque acredito piamente estar trilhando o caminho certo. Quero fazer a minha reforma íntima sem rodeios, com disciplina; em suma, desejo fazer ao outro o que desejo fazer para mim mesma. Como no passado prejudiquei alguém, então, provoquei no outro a dor que hoje sinto em mim própria. Desejo com essa dor pedir o perdão pelo meu erro, mas só a coragem e a resignação farão com que eu saia melhor e curada espiritualmente.

– Cinira, minha filha! Como gostaria de entendê-la! Como gostaria de sentir essa felicidade que vejo estampada em seu semblante! Porém, não consigo! A amargura, a angústia e a aflição consomem meu interior. Não suporto a ideia de perdê-la!

– A senhora deve confiar em Deus. Vamos fazer uma oração.

Meus amigos! Só agora entendo com mais profundidade o que Cinira me dizia com tanta convicção, com tanto amor, com tanta esperança. A fé lhe dava todo esse entendimento.

Quando em meus últimos dias, reencarnada, lembrando-me da infância de minha filha, escrevia sobre aquele ocorrido, os sentimentos que brotaram em meu peito eram os mais diversos possíveis; no entanto, em minha doença e naqueles dias de recordações, eu já era uma outra pessoa, pois os sentimentos eram mais suaves:

apenas serenidade, esperança e um profundo bem estar me acompanhavam.

Cinira, depois daquela conversa, viveu mais três anos. Devo dizer-lhes, irmãos, terem sido aqueles os melhores anos por ela vividos. Jamais se queixou de dor alguma, nunca escutei de sua boca qualquer palavra de desânimo ou descrença.

Minha menina era uma pessoa realizada.

– Mamãe, sinto que os Amigos Espirituais aliviam minhas dores quando recebo a transfusão de energias através dos passes. O corpo continua doente, mas meu Espírito avança; e a paz sentida em meu íntimo é indescritível!

Aqueles últimos três anos de Cinira foram também para mim os melhores tempos. Aprendi a ver a vida com os olhos do Espírito; compreendi melhor que Jesus não veio salvar-nos, mas sim alertar-nos para o ensino de como devemos viver e como nós mesmos podemos curar nossos Espíritos.

Transcorreram-se quatro anos do desencarne de minha filha quando eu também apresentei uma degeneração no corpo físico. O câncer também me "pegou", ou melhor, permiti que essa doença maltratasse meu corpo em benefício de minh'alma.

Se não fossem os ensinamentos e os exemplos de

minha filha – eu sei –, teria desencarnado em péssimo estado.

Hoje vivo em uma Colônia de Restabelecimento e ainda não consegui avistar-me com Cinira por ser ela muito ocupada; todavia, os Mentores me explicaram que em breve terei o presente desejado. Preciso ainda aprender a controlar minhas emoções.

Depois de todas as turbulências, ainda não consegui desvencilhar-me dos pensamentos dos filhos que ficaram. Sem compreender, porque sem vontade para querer aprender os ensinamentos espíritas, eles se revoltaram e me chamam com muita regularidade. Falam de mim com amargura, como se Deus, injustamente, tivesse me retirado da vida, e culpam Cinira por ter me influenciado. Acreditam que isso e a angústia da perda filial provocaram a doença que me causou a morte.

Sei, porém, não ser verdade.

Sei que são ignorantes do verdadeiro conhecimento, mas também sei que ainda não disciplinei corretamente o meu amor de mãe, sentindo os influxos mentais dos pensamentos a mim dirigidos.

Confio em Deus e, com a boa vontade dos amigos que aqui me auxiliam, tenho a certeza de que em breve ficarei curada e poderei, então, reencontrar-me com Cinira.

Irmãos que me leem! Essas experiências são reais e espero que possam todos vocês compreendê-las, percebendo os benefícios da fé bem compreendida.

AMBROSINA

BEBIDA

Agora é só olhar para frente e não pestanejar por já conhecermos a verdade de nossas existências!

Pratiquei muitas atrocidades no passado: usurpei, espoliei, agredi, exagerei nos atos contra os outros.

Quantas vidas foram por mim jogadas fora? Minhas vidas, as reencarnações que a Providência Divina me permitiu viver!

Encontrei-me, no final do século XVIII, na erraticidade,[29] após uma encarnação conturbada e muito difícil. Estava intoxicando-me com todo o potencial de energias negativas.

Minha atmosfera psíquica era a pior possível. Não conseguia pensar corretamente nem mesmo articular uma linguagem coerente.

29 *"Estado dos Espíritos errantes, ou erráticos, isto é, não encarnados, que vivem durante os intervalos de suas existências corporais"*. Remeto o leitor ao *"O Livro dos Espíritos", Introdução, VI"*, bem como às suas perguntas 223 a 233 (NRT).

Quase perdi a forma humana, porquanto o meu aspecto de indigência aparentava ser como o de um vampiro – aquele mesmo, o morcegão que, por incapacidade própria, suga as energias vitais dos próximos. Vejam bem a que ponto chegamos quando, por total falência dos nossos pensamentos e das nossas forças morais, procuramos tirar as energias vitais dos outros.

Era essa, portanto, a minha situação. Por interferência de minha mãe e por consequência do seu amor, fui ajudado.

A Misericórdia Divina exemplificava explicitamente.

Fora amparado – com o meu consentimento –, recebendo auxílio médico, moral, emocional e psicológico.

Foi assim que lenta, mas, continuamente, meu discernimento foi tornando-se equilibrado.

Comecei a compreender que o melhor para mim era o "doar-se", isto é, aprender com a minha própria dor o que Jesus nos ensinou: "*Faça ao outro o que gostaria que o outro lhe fizesse*".[30]

Ah! Belo ensinamento! Entretanto, relegamo-lo para o lado, como se não fosse ele o nosso primeiro passo. Costumamos melindrar-nos e magoar-nos, porém, nunca

30 Mt 7:12;Lc 6:31 (NRT).

nos lembramos de perdoar, de pensar o que faríamos se estivéssemos no lugar do outro.

Bem, após longo processo de conscientização, comecei a preparar-me para reajustar os erros cometidos.

É assim mesmo, irmãos, estamos na carne para reajustar os nossos débitos, conseguir arrumar o que ficou em desalinho com as Leis Divinas.

Minha reencarnação requeria cuidados em seu preparo, porquanto houvera prejudicado muita gente.

Em seu planejamento ficara determinado que eu deveria renascer com sérios problemas no fígado, assim como, também, o sistema cardiovascular apresentaria anomalias.

Como havia participado e atuado fortemente na Inquisição por mais de dois séculos – precisamente em três reencarnações –, imprimira no corpo físico, através do perispírito, uma coceira com protuberâncias avermelhadas a queimar e requeimar, lentamente, a pele.

Tudo isso para que eu sempre me lembrasse de não fazer aos outros o que não gostaria fosse feito a mim.

Com todo esse quadro, renasci, finalmente, na década de 20; para ser exato, em 1929.

Desde a infância foi-me difícil, tendo vários problemas de saúde. Como já era esperado pelo meu

Espírito, mas não pela minha personalidade encarnada consciente, o fígado e o intestino, desde cedo, não funcionariam bem.

Brotavam feridas em meu corpo, como "do nada"; ardiam muito e exalavam um cheiro horrível, semelhante à carne queimando.

Como renascemos para esquecer, meu compromisso espiritual permanecia na memória, mas as dores estavam agora atormentando-me. Era muita aflição.

Insuportável aguentar tanto sofrimento físico.

A Medicina, que não possuía ainda a tecnologia dos anos 90 e posteriores, pouca eficácia tinha. Os paliativos não me aliviavam. Mas a perturbação se agravou quando, adulto, comecei a trabalhar e a enlear-me na Política.

Não é à toa que nos envolvemos com determinadas profissões.

As experiências do passado são trazidas na forma de tendências e se encontram no estado de latência em todo novo ser homem. Se não nos esforçarmos para mudar os pensamentos, se não buscarmos o fortalecimento na Espiritualidade, por certo fracassaremos.

Era justamente isso que estava acontecendo comigo: agora de novo na carne, permitia que minhas antigas propensões retornassem com todas suas forças.

Consentia que meus impulsos de raiva e de mando aflorassem; contudo, como Deus jamais nos desampara, tanto o meu Mentor quanto minha mãe procuravam intuir-me, conversar comigo em sonho, a fim de me fazerem relembrar dos compromissos assumidos. Nem preciso dizer que tudo foi em vão, haja vista que não dava nenhuma importância àqueles fatos.

No meio político dei asas a tudo de negativo e ruim que poderiam estar em meu íntimo. Nem as feridas, muito menos as queimações, aplacavam-me os desmandos e as cóleras.

Comecei a sentir prazer, muito prazer, em humilhar as pessoas, porém, meu espírito sabia que agia errado, pois minha consciência me cobrava a prática das lições aprendidas no Mundo Espiritual.

Então, para aliviar o peso da culpa, entreguei-me à bebida, coisa imprópria por já haver tido hepatite, contudo, com isso nada me importei. O convívio social exigia, e eu gostava: duas posturas totalmente displicentes.

É, meus amigos, minha vida ficou um horror! Quem já não se deparou com um caso desses?

Para cuidar do meu físico perambulava de médico em médico. Meus pensamentos tumultuados, confusos, e imorais, traziam-me uma piora generalizada.

É evidente que a cirrose também não tardou para aparecer.

Com a anuência divina dando-me novas

oportunidades de melhoras, cheguei aos cinquenta anos totalmente falido, mais assemelhando-me a um morto-vivo.

Não é do desconhecimento de todos ser a bebida um vício como todos os demais: destrói-nos e nos ceifa a vida, e acaba com as nossas fibras orgânicas e morais.

Fui rapidamente perdendo as forças vitais, adoecendo profundamente.

Perfeitamente natural, pois o físico estava desfazendo-se em vida, corroendo-se no uísque.

As dores, em consequência, eram cruciantes, acrescidas das queimaduras causadas pelas feridas violáceas em todo o corpo. Mas mesmo assim eu não parava.

Paralelamente, a raiva, o ódio e a ira foram enraizando-se em meu interior. Vivia só, pois que mulher desejaria e aguentaria conviver com um homem nesse estado?

Não percebi, mas a minha vida estava esvaindo-se. Aos olhos de todos isso estava visível, porém, os meus, os do único interessado, nada viam, totalmente cegos pelas ilusões.

A morte estava a rondar-me. Percebiam-na tanto os amigos que me conheciam quanto os desconhecidos que, pelas circunstâncias, de mim se achegavam.

Embora nada visse disso, na verdade eu via, pois

os sentimentos não enganam. Existia algo no ar que perturbava minha mente e, sem perceber, a tristeza ia tomando conta de mim.

Inconscientemente me cobrava. Doíam-me o corpo e a alma. Como doíam!

Estava eu mesmo a destruir-me.

Meu Espírito sabia que seus compromissos assumidos antes de encarnar não estavam sendo cumpridos, sabia que existia uma queda. Não só deixara de honrar minha palavra como também assumi a maior destruição com a lei da vida, aniquilando mais ainda o meu organismo físico.

Piorei muito e, rapidamente, desencarnei com dores excruciantes.

Regressei ao Mundo dos Espíritos profundamente perturbado. Nem me dei por "morto".

Mesmo tendo melhorado espiritualmente, tendo recebido orientações, tendo aprendido a valorizar as Leis Divinas antes de enfrentar a reencarnação, joguei tudo fora. Desencarnara e agora me encontrava em péssimas condições.

Fiquei relativamente preso ao corpo físico, ainda buscando a bebida e a comida. Tratei de dar os costumeiros "jeitinhos" para conseguir o que desejava, no entanto, nada acontecia.

Mais uma vez, porém, a Misericórdia Divina se

fez anunciar: depois de dois longos anos caí em mim: a consciência tornou-se clara para mim, lembrando-me dos compromissos anteriormente aceitos e da minha posterior decadência. Isso ocorreu porque um dia, perambulando pelas ruas, avistei-me com uma senhora que me causou profunda emoção.

Sem nada dizer-me se achegou perto de mim e me olhou. Somente isso. Porém, seu olhar fora de uma ternura infinita. Quando se afastou de mim, imediatamente a lembrança de minha mãe brotou em minha mente.

– Mãe! Será que foi minha mãe?

Naquele momento toda ilusão foi desmascarada. Desnudava-se a consciência de um fracassado.

O susto foi enorme.

A dor da culpa não permitiu que a consciência se encarasse, então, desabei na fuga do sono: dormi por um bom tempo, cerca de nove meses.

Quando acordei, toda lucidez se fez presente. A dor, o remorso, o medo e a culpa de tudo se misturavam em meu íntimo.

Como estava sendo difícil digerir as minhas atitudes e os meus pensamentos equivocados.

É este o momento no qual me encontro enquanto narro meu episódio a todos vocês.

Mas hoje sei, por convicção, que apenas eu poderei resolver a minha existência enquanto criatura eterna.

Meus amigos! Aproveitem as oportunidades de

renovação que Deus sempre nos concede; aproveitem as doenças, as dores físicas, os infortúnios, para refletir e não chegarem deste lado da vida como eu cheguei.

Creiam-me, é muito mais dolorida a dor "aqui" por ser ela uma dor moral e, essa, nenhum remédio pode aliviar.

Enquanto estamos na vida material tudo é mais fácil de ser resolvido, tanto os nossos vícios quanto os nossos defeitos, quais sejam, os desvios de caráter.

Aprendam e cresçam. É fácil, basta querer. Com a fé raciocinada, a confiança em Deus e em si, conquistaremos a resignação e, então, a felicidade se fará presente.

Compreendendo os verdadeiros valores da vida, pautados no amor a Deus, no amor a si mesmo, e no amor ao próximo, resolveremos todas as querelas existentes em nossa consciência.

De resto, é seguir sem esmorecer.

ATAULFO

MARIA IZABEL

Eu preciso dizer alguma coisa!

Meu nome é Maria Izabel, tenho doze anos. Sou uma criança porque morri com essa idade e permaneço "aqui" da mesma forma. Ainda é necessário.

Preciso expor-lhes minhas dores.

Morri com câncer, muito novinha, porque era meu destino. Não tinha mais nada a depurar. Então, pela Misericórdia de Deus, apenas sofri o que me era necessário.

Nasci doente, já trazia em meu pequenino corpo a raiz do câncer.

Meus pais não identificaram de pronto as características da enfermidade. Quando descobriram não aceitaram e, com essa atitude, passaram-me mais sofrimentos.

Como não acreditavam na vida após a morte e

achavam ser Deus um Pai extremamente punitivo e vingativo, colocaram-se na posição de vítimas.

Eram eles os "coitadinhos", os verdadeiros "sofredores", pensavam. Como consequência, eu era a peça maligna pela qual Deus os punia.

– Estamos sofrendo tanto! Não sei por que Deus nos castiga desse jeito! –diziam eles.

Mas eu, que era a "doentinha", não pensava dessa maneira. Amava a Deus e Lhe era muito grata pela oportunidade da vida, de reparar os erros do passado.

Só com doze anos minha compreensão se alargou.

Passei a perceber exatamente o que estava acontecendo. Entendi que estava tudo bem. Aceitava tudo aquilo sem reclamações, pois sabia ser para o meu próprio benefício, apenas não sabia explicar o porquê.

Aprendi, aqui no Abrigo onde vivo, que Deus, por amar-nos muito, permite as nossas dores por ser essa maneira a mais fácil para entendermos as Suas Leis, principalmente esta: *"fazermos ao outro o que gostaríamos que o outro nos fizesse"*.[31]

O mundo é lindo e a vida é maravilhosa. Ela não acaba com a morte, ela continua e, "aqui", as cores, a beleza das flores e o amor das pessoas são muito mais vivos.

Que lindo viver!

---

31 Mt 7:12; Lc 6:31 (NRT).

Amo a tudo e a todos; mas, em primeiro lugar, amo a Deus, esse Pai amoroso, misericordioso, justo e bom.

Já estou aqui no Mundo Espiritual há quatro anos.

Em breve vou poder começar a desenvolver-me, trabalhando em meu benefício para, em um futuro razoavelmente breve, poder reencarnar novamente.

Estou tão feliz!

Aqueles doze anos foram suficientes para recompor o meu corpinho espiritual, pois fora o tempo exato que deixei de viver em outra vida, mais antiga.

É que abreviei, pelo suicídio, aos sessenta anos, uma vida doentia e infeliz. E como a minha programação naquela época fora de mais ou menos setenta e dois anos, então, "furtara" doze anos daquela minha existência.

Depois de muito sofrer na erraticidade por conta daquele destrambelhamento, reencarnei vivendo apenas os doze anos restantes com o câncer já instalado.

Hoje estou preparando-me, retirando os últimos vestígios fluídicos do meu perispírito, através principalmente dos aprendizados morais que venho adquirindo.

Em breve, poderei ajustar-me em um trabalho, pois estarei mais velha,[32] com mais capacidade de apreensão psíquica. Trabalharei para obter uma próxima

---

32 E, assim, elimina-se antiga dúvida doutrinária, a de se saber se crescem ou não os perispíritos das crianças e jovens desencarnados (NRT).

reencarnação saudável, feliz, a fim de poder auxiliar na causa do Cristo.

Esse desejo também tem uma causa porque, quando em outras vidas, destruí pessoas. Matava-as pelo simples desejo de ver os sofrimentos estampados nos rostos dos infelizes.

Fui muito maldosa, por isso sofri em minha carne a dor produzida na carne alheia. Não penso mais nas maldades, penso apenas em consertá-las.

Minhas orações diárias só contêm uma rogativa:

"Que eu cumpra com dignidade e respeito os propósitos de servir ao próximo incondicionalmente para que cada um possa ser feliz como eu sou".

Beijos,

MARIA IZABEL

NÉLIO

O que esperam ouvir de mim? Sou feliz e amo os momentos que estou vivendo.

Sou jovem, bem o sei, mas não é por esse motivo que me sinto alegre.

Este meu "sentir-me alegre" foi fruto de duras penas. Agora que sei o valor dos meus sentimentos, quero mais é vivê-los. Quero fazer o bem para mim mesmo.

Sou um antigo drogado,[33] um antigo viciado, um antigo portador do vírus HIV. Não tenho vergonha de dizer que foi a compreensão do amor de Jesus por nós que me fez um "cara" sadio, bem disposto, aquele que ama.

Sou um jovem de quatorze anos, mas vivenciei, nesse pouco tempo, as experiências de tudo que se pode chamar de "escória da humanidade".

---

33 Hoje se diz, na nomenclatura terapêutica, "adicto", aquele que adicionou a droga em sua vida (NRT).

Nélio, abreviação de Cornélio, é isto agora: a felicidade em pessoa! Opa!... Em espírito!

A morte nos deixa da mesma forma ou em pior estado do que quando estávamos vivos.

Olhem só, "manos": essas palhaçadas praticadas por todos são muito passageiras e destrutivas.

Não se matem, não se droguem, não se deixem levar pelos outros, quero dizer, pelos falsos amigos, pelos traficantes, e pelos Espíritos que nos assediam.

Se eu fosse contar a realidade dos fatos espirituais para os usuários de drogas, tenho certeza de que fugiriam correndo dessa coisa pestilenta que usam.

Olhem: nós vivemos na ilusão, nós vivemos achando que somos os bons, os indestrutíveis, acreditamos que as coisas ruins só acontecem com os vizinhos.

Quando você aí diz: "*A hora que eu quiser eu paro! Não sou viciado não, saio quando quiser! Eu domino a situação!...*", pois fique sabendo que você está bancando o maior otário porque, nesse ponto, já está dominado, é um grande fantoche, sendo que agora vem a parte pior: está iludindo-se, achando-se "o bom".

Saia dessa, comece a analisar o outro lado, a real causa do seu estado atual. A vida tem grandes prazeres. E sabe qual é o maior? Conhecer Jesus e segui-lo. Tem coragem para tanto?

Dizer-se "o tal", fazer e acontecer, é fácil, porque

sempre temos os amigos a atiçar-nos e a dar-nos força, mas de forma negativa porque, na hora do "vamos ver", você estará sozinho para responder pelos seus atos.

E a coragem?

Coragem é outra coisa. É ter peito para assumir-se como seguidor de Jesus e não cair nas malhas sutilmente enganadoras das drogas.

Se está achando-me um "babaquara"[34], covarde, medroso, saiba que esses adjetivos não me qualificam, muito menos me machucam, porque sei por experiência própria que o mais prejudicado é você mesmo, pois, iludido, vai acabar como eu, morto por tanta vaidade.

Digo: "*covarde é aquele que usa droga, pois foge da realidade*". Usa-as por ser infeliz, por não querer enfrentar os próprios problemas, por não agüentar as aflições.

No fundo, o drogado é um escravo do vício, de si mesmo, dos traficantes e dos Espíritos que o influenciam para o seu consumo.

Será que tudo isso não basta?

Como sei disso? Porque vivi isso.

Mas para mim bastou!

Lamento ter descoberto essas coisas somente "deste lado", porém, ainda agradeço a Deus por tê-las descoberto.

"Antes tarde do que nunca", porque poderia ainda estar sendo escravizado.

---

34 Gíria: "caipira; tolo; matuto; sem instrução" (NRT).

Percebo hoje o grande covarde que fui, o "babaca" iludido. Paguei caro, muito caro pela minha negligência: paguei com a própria vida. Mas para nós não há outra alternativa, pois desejamos isso quando fazemos a opção de continuar a drogar-nos.

Abram seus olhos, cresçam!

O verdadeiro adulto, o qual se fez homem, é aquele que tem a coragem de enfrentar a si mesmo.

Doa o que doer, siga em frente e colherá os frutos da felicidade.

NÉLIO

SILMARA

Silmara era uma jovem bonita, atenciosa e muito educada, mas trazia dentro de si o ódio, a mágoa e o rancor.

Dissimulados, esses sentimentos corroíam o seu íntimo.

Queria apenas viver a vida. Sonhava em "se dar bem",[35] aproveitando ao máximo as oportunidades oferecidas na atual existência.

Buscava um namorado arrojado, bonito, aparentando vida social intensa, rico; enfim, um ótimo partido.

Essa criatura era eu mesma, e lhes digo "era" porque, agora, encontro-me no Mundo dos Espíritos, no Plano Espiritual.

Naquela época, entre meus dezoito e dezenove anos, o pensamento era esse mesmo.

35 Gíria: "em ser rica sem se esforçar, às custas alheias" (NRT).

Não tinha o menor entendimento da vida irresponsável que levava. Todas as minhas amigas pensavam da mesma forma e, "daqui", vejo que nada mudou, ou melhor, que muitas coisas pioraram.

Vivia com um único objetivo: ser rica e feliz. Ansiava pela fortuna, pelos exageros do consumo, pela luxúria... Queria ter empregos que atendessem às necessidades básicas que, para mim, eram muito além do trivial, da simplicidade, como se a existência pudesse resumir-se a essa tolice, atrelando a felicidade ao dinheiro, ao poder e à vida consumista.

Silmara vivia revoltada; as suas oportunidades não correspondiam às suas expectativas.

O tal "bom partido" não aparecia, o homem riquíssimo, de animação em alto grau, provocante e sensual, não dava sinais na vida pacata e medíocre que experienciava.

A pobreza da família me doía, revoltava-me; porém, como me achava superior a tudo, não ajudava em nada nos afazeres da casa. Meu único objetivo era ser servida de todas as formas e, assim sendo, nunca me permitiria o atrevimento de qualquer trabalho.

Dessa maneira o tempo foi passando.

Dois anos depois, estava casada com um homem trinta anos mais velho. Detalhe: muito rico, riquíssimo.

Como é sabido por todos, não poderia haver amor

naquele casamento, tão-somente troca de interesses, quais sejam: eu exibia luxúria, ele exibia beleza, juventude, virilidade. Fizemos um bom par.

A convivência entre o casal não existia, pois mal nos víamos na vida privada; simplesmente nos apresentávamos juntos para exibições públicas.

Lázaro fazia o tipo já ultrapassado, adorando ser rotulado como *playboy*,[36] embora a idade o tornasse ridículo naquele papel. Vivia bêbado, não obstante aparentasse beber unicamente de modo social.

Eu sabia que ele se permitia ao prazer sexual pernicioso; em cada noite passada na rua, uma, duas, e até três mulheres, proporcionavam-lhe funestas alegrias.

De minha parte detestava aquela situação, porquanto gastava com elas o dinheiro que por direito me pertencia. Afinal, eu era a esposa legítima; logo, a herdeira, a desfrutadora dos bens.

Ressalto que no aspecto sentimental, isto é, no fato de estar sendo traída, isso em nada me atingia, considerando que, por minha vez, também me deleitava com os jovens da minha idade.

Em relação a isso, era o prazer sensual que falava alto, pois não havia nem dinheiro nem sentimento, mas puramente a paixão carnal mútua.

---

36 Do Inglês *play-boy*, que significa "homem, geralmente, jovem, rico e ocioso, que se entrega a uma vida social intensa, ao convívio de belas mulheres, aos esportes etc." (NRT).

É evidente que tal estado de coisas não poderia durar por muito tempo: Lázaro desencarnou corroído pela cirrose e pela sífilis. A idade avançada não o ajudou nos momentos finais.

– "*Que me importa? Estou feliz, muito feliz! Enfim a liberdade!*", dizia para minha consciência; "*agora estamos sós, eu e o dinheiro!*".

E desenfreadamente me atirei à vida com impaciência intensa.

Todos os meus sonhos se realizaram: tinha dinheiro, sexo, *status*,[37] *glamour*[38] e, o melhor, sem um marido inoportuno.

Totalmente despreparada moralmente, o desequilíbrio psíquico se fez inevitável em mim. A presença espiritual de Lázaro, colérico, a sua perseguição contumaz, a cobrança dos bens pertencentes a ele e desregradamente usados por mim, provocavam-me convulsões e ataques epilépticos.

Sem qualquer conhecimento espiritual, isso ainda aliado à vida mundana e imoral que levava, a doença não tardou e, com quarenta anos, desfigurada, desequilibrada mentalmente, nervos em frangalhos, aparentava cem anos.

O dinheiro, em excessiva abundância há vinte anos,

37 Do Latim *status*, -us, que significa "grau de prestígio em determinado grupo; consideração; renome; posição; situação" (NRT).

38 Do Inglês *glamour*, que significa "atração pessoal; atração; deslumbramento; encanto; charme" (NRT).

começava a rarear. Usurária, dilapidei a fortuna alheia. Tudo tem um preço, e o próprio dono, em um processo de subjugação espiritual, cobrava-me o desperdício.

Olhava-me no espelho e via uma prostituta velha, agora sem clientes, sem dinheiro e, ainda, morrendo de alguma doença venérea. Esse era o meu quadro real, agravado com a obsessão que me provocava aquelas crises paroxísticas-convulsivas.

Ninguém mais me queria, ninguém mais trabalhava para mim, ninguém mais me convidava para as festas sociais nem mesmo para os chás beneficentes.

Estampava-se na minha figura o fracasso.

Os médicos não conseguiam curar-me. As consultas agora eram feitas nos profissionais da rede pública. Os remédios, fortíssimos contra os ataques, começaram a deixar sequelas graves em meu cérebro.

Nesse contexto, sem família, sem amigos, tornei-me quase uma indigente.

No pronto-socorro, numa tarde em que aguardava minha vez para ser atendida, após haver sido levada para lá por um desconhecido que me recolheu na rua, caída em decorrência de um ataque causador de uma fratura na perna direita, comecei a chorar.

Pela primeira vez em minha vida me encontrava em um estado de alma tal que me proporcionou o desabafo através das lágrimas.

Sozinha, prostrada numa cadeira do corredor do hospital lotado e sem leitos, a lembrança de Lázaro reativou o ódio que sentia por ele e, como se estivesse a ouvi-lo dentro de minha cabeça, escutei:

– "*Sua vagabunda, sua vadia! Ainda acabarei com você! Fui eu quem lhe derrubei! Tenho feito isto desde que morri! Você é a culpada da minha desgraça! Irei matá-la, mas, antes disso, torturar-lhe-ei até a última gota!*".

Desfaleci.

Por algumas horas permaneci adormecida. No começo da noite, fui liberada com a perna engessada.

Apavorei-me.

– Ir para onde? Como fazer sem poder andar?

Tanto resmunguei que um enfermeiro veio até mim e, como a sacudir-me, ordenou-me colericamente:

– Cale a boca, sua velha rabugenta! Não podemos resolver o problema dos indigentes que chegam aqui reclamando ajuda! Suma!

Nesse instante, o pânico tomou conta de mim e a única coisa que pude tentar fazer foi suborná-lo.

Restavam comigo um anel, um par de brincos e um conjunto de brilhantes. Retirei-os e os entreguei para ele conseguir-me uma internação. Para mim seria cômodo permanecer no hospital até ficar boa: comeria e beberia sem gastar um tostão e depois, sadia, resolveria minhas pendências.

O ódio e a vaidade me cegavam ao ponto de enfrentar com fúria os pensamentos que me acometeram durante aquela tarde: "*Lázaro, você não pode comigo! Volte para o Inferno de onde jamais deveria ter saído, seu pestilento!*". Pensava comigo mesma.

O rapaz se deixou corromper.

Alguns minutos se passaram até chegar a boa notícia. O problema fora resolvido, algumas semanas estavam garantidas.

O tempo passou e desfrutei daquela suposta mordomia: comida na hora, banho, distração com a televisão trazida pelo filho de uma das companheiras de quarto... Relaxei, aproveitando o descanso, mesmo porque não estava mais sentindo a presença do Lázaro, muito menos tendo os horríveis ataques. É claro que tudo poderia ser muito melhor, pois aquilo era um hospital público, mas me conformei.

Quando saísse resolveria o problema.

Um belo dia, quando me encontrava totalmente dispersa, o enfermeiro subornado se aproximou e, discretamente, para que ninguém nos ouvisse, cobrou-me:

– O valor pago há três semanas vence hoje. Não posso mais segurá-la a não ser que faça outro pagamento, em peso semelhante, pelos serviços futuros. Dependendo do valor, talvez lhe consiga mais alguns dias.

Entrei em choque. Não possuía mais nada que pudesse pagar. Lembrei-me do relógio de ouro, única peça de valor que guardava comigo, porém, estava no "casebre" no qual morava.

Minha cabeça imediatamente começou a doer; os pensamentos passavam céleres.

É, Silmara, finalmente encontrou alguém pior do que você mesma!

A voz sarcástica, a mesma gargalhada sinistra... Era Lázaro zombando de mim.

– Deixe-me! Saia de perto de mim, seu pestilento! Ao mesmo tempo em que gritava entrei em convulsão.

Rapidamente os enfermeiros chegaram com uma dose de sedativos. Dormi.

Ao acordar, lembrei-me do ocorrido. Estava nervosa, preocupada ao extremo. Fiquei maquinando as falas a serem ditas ao explorador. Necessitava arranjar um meio de safar-me.

Quando algum tempo depois ele se aproximou, tudo já se encontrava arrumado em minha mente: inventaria um futuro romance a desdobrar-se, regado a champanhe e belas orgias.

Mas fui surpreendida com a resolução já pronta, apresentada por ele:

– Ficarei com o seu relógio de ouro e o seu "casebre", uma boa casa, por sinal, e não o que você me apresentou como sendo um "casebre".

– Como sabe? Para mim, que já morei em palacete, aquilo não passa de uma pocilga.

– É evidente, minha cara, pois tirei referências suas. Peguei seus dados completos na Ficha Hospitalar. Quanto ao romance, esqueça, jamais terei alguma coisa com alguém abjeto e nojento quanto você. Quero apenas os bens materiais. Por mais um tempo ficará aqui; eu mesmo irei vigiá-la até receber alta e, depois, eu mesmo a levarei para casa.

Foi no hospital que vivenciei os piores momentos de minha vida. Os remédios administrados me dopavam, provocando mais alucinações.

Sem dúvida, Lázaro se aproveitava do fato e, com meu Espírito separado do corpo físico, castigava-me cruelmente. Amarrava meu perispírito no leito da enfermaria e esbravejava, jogando em meu rosto todo seu ódio, sua destemperança.

Com meu corpo afrouxado pelos efeitos dos remédios, não conseguia acordar, livrar-me da perseguição.

Que tristeza! Era a morte em vida!

Lázaro, em raros momentos, ausentava-se do quarto – creio que para resolver outros assuntos –, mas, mesmo assim, eu não tinha paz, pois se por um lado deixava de sofrer a pressão da sua presença e das suas investidas, por outro lado, preocupava-me com o enfermeiro, com a minha volta para casa e com o pagamento da dívida.

Não teria forças para resistir, sucumbiria. Não havia nenhuma perspectiva. O fim chegou. Nenhum outro pensamento me assaltou. Apenas, pela primeira vez, pedi ajuda a Deus. Imediatamente experimentei um alívio jamais antes sentido.

Naquela noite dormi profundamente.

Acordei com o enfermeiro me sacudindo:

– Vamos rápido! Recebeu alta e vou levá-la para casa. Ande, apresse-se! Não tenho tempo a perder!

Tudo de bom que havia sentido, desanuviou-se. A batedeira rápida e nervosa do coração começou freneticamente.

Quando dei por mim estava pronta na porta do hospital, vestida, e sem o gesso na perna. Tudo arranjado pelo belo rapaz, Ricardo, o enfermeiro.

Começamos a andar.

Um imenso arrepio me assaltou, o temor do futuro chegou arrasador e, o pior de tudo, eu estava consciente. Não era ilusão, não era alucinação, não estava sendo assediada por Lázaro, era real! Fora eu quem provocara toda essa situação! Minha culpa, minha culpa!...

Mecanicamente, como um autômato, segui adiante. Ricardo, ao meu lado, nada dizia.

Chegando à casa só dispus de tempo para retirar algumas peças de roupas. Poucas, porque a maioria ficou com ele para serem vendidas; afinal, eram finas, do tempo em que frequentava a sociedade, e o dinheiro era bastante para ser esbanjado em tecidos caríssimos.

É verdade que, em minha análise como pessoa gananciosa, pouca coisa havia restado da fortuna e mal considerava a casa e os objetos; porém, para Ricardo, tanto o imóvel, quanto os objetos que lá se achavam, tinham grande valor, muito acima das posses de um enfermeiro. Para ele, o conceito era o "da sorte grande".

Na rua, agora absolutamente sozinha, apenas com a minha dor, seguia sem rumo. A tristeza me dominava. Apática, nada dizia. Não conseguia chorar e não pensava em nada para poder resolver minha situação atual.

Nada mais poderia abater-me.

A vida, conscientemente, havia terminado para mim. Encostei-me em um canto perto de uma praça e lá fiquei até ser chutada.

– Saia daqui! Este lugar é meu! Arranje outro só para você!

Nem me abalei. Olhei para o infeliz e levantei-me, agachando-me alguns metros adiante.

Foi assim que demarquei meu novo território, apenas deixei-me ficar.

Passei a perambular como uma indigente.

Comia o que achava no lixo, bebia da água que achava nas latinhas jogadas na rua, ou pedia-os num comércio qualquer.

Os ataques epiléticos retornaram com mais frequência. Agora eram diários. Debatia-me até à exaustão

Se antes me deliciava na sensualidade com quem desejava, agora era usada sexualmente por indigentes como eu: sujos, doentes e disformes. Tornei-me um "monstro" usado por "monstros".

Se existisse um Inferno, eu estaria nele.

Diferentemente disso, nada mais me abalaria.

Nós mesmos nos precipitamos para as profundezas da degeneração humana, somos os únicos culpados pelas nossas quedas, sejam em quais proporções forem.

Dois anos nessa vida se tornaram suficientes para que eu me convertesse em um ser totalmente abjeto, sem amor e sem dignidade.

Não posso precisar como, contudo um *flash* de pensamento positivo relampejou, cortando minha mente e, automaticamente, pensei em Deus. Lentamente fui sentindo uma paz íntima, como a percebida no hospital nalgum dia do passado.[39]

Não durou muito esse momento, porquanto rapidamente a voz de Lázaro dominou a minha nova disposição. Ria, gargalhava-se de mim.

– Estou feliz! Cumpri meus objetivos: você está

---

39 Hoje sei haver sido minha Mentora a autora desse pensamento em um raro momento em que lhe dei a oportunidade para assimilá-lo (NAE).

destruída! Dentro de poucos dias estará "deste lado", morta, totalmente em minhas mãos. Ah! Isso será a felicidade, muito melhor que a felicidade...

– Não, não, não!... Não quero isso! Você está enganado! Não vou deixar-me morrer!

Gritava como louca, pois era assim considerada pelos transeuntes. Afinal, estava falando sozinha.

– Tola! Você nem se equilibra mais! Depois de tantos ataques provocados por mim mesmo, você não consegue nem ficar ereta. Ah! Tola imbecil, débil! Você não tem mais querer, eu mando em você!

– Não! Não quero! Sou livre, vou lutar!

Debatia-me como uma alucinada. Estava em crise, mas não era uma crise epilética, era uma crise diferente das tantas outras anteriores: era a crise da morte.

Acordei num quarto muito limpo, com cama limpa e confortável, porém, sentindo-me mal. Registrava dores, ânsia de vômito e náuseas.

Alguns minutos transcorreram até poder perceber a presença de alguém no ambiente:

– Como se sente?

Virei o rosto e avistei uma senhora aparentando cerca de uns quarenta anos. Era serena e muito asseada.

Como nada lhe respondi, tornou a perguntar-me:

– Como se sente?

– Ah!

– Deixe estar, fique tranquila; isto aqui é um

albergue e você está sendo tratada. Você chegou aqui há três semanas e tem apresentado melhoras. Apenas descanse.

Minha mente não conseguiu acompanhar muito bem a tentativa de conversa. Era como se eu estivesse absorta, em outro estado de consciência. Ela me pareceu meio irreal.

Será?... Não completei o pensamento, pois me recordei da promessa ouvida: *"você será destruída, morrerá"*.

Agitei-me, todo meu corpo tremeu. Aproximava-se uma nova crise epiléptica, mas, para meu espanto, não fui convulsionada.

– Não lhe informei estar sendo tratada? Tenha calma e espere em Deus. Durma.

Entre a vigília e o sono, a consciência passeava: ora o medo, ora a esperança, ora a angústia, e havia momentos nos quais de nada me lembrava.

Nesse quadro as semanas passaram.

Aos poucos fui ficando mais forte e passei a fazer algumas pequenas caminhadas pelos pavilhões do albergue; depois, fui aventurando-me pelo pátio localizado fora do prédio no qual me encontrava.

Em um processo lento, porém, constante, minha melhoria era visível.

Às noites assistia as Preleções Evangélicas e

aprendia que, além das minhas fraquezas morais, havia um pertinaz vingador – um obsessor. Assim como eu, ele também estava ouvindo o Evangelho.[40]

Compreendia agora: fora por esse processo simbiótico, isto é, fora com a minha anuência e através dela que eu permitira às doenças se instalarem em meu corpo físico.

Começava a analisar, pelas explicações das atuações das leis morais, não ser a culpa uma boa aliada.

O caminho correto era sim o arrependimento, todavia a mudança de atitude mental, segundo os ensinamentos do Cristo, era fundamental.

Herdei, como já esperado, algumas sequelas cerebrais e outras físicas, pois tantos anos de convulsões acabaram por danificá-lo; herdei, ainda, por havê-las contraído, várias doenças venéreas; estas me destruíram as células dos órgãos reprodutores e me atingiram também os intestinos.

Alguns cacoetes e debilidades orgânicas permaneceram após minha morte. Só "aqui",[41] e agora, estou tendo a oportunidade de reconstruir-me, preparando-me para a próxima reencarnação, na qual

40 Contra sua vontade, é claro. Ele estava fora do albergue, mas, como ainda se encontravam sintonizados mentalmente, não podia deixar de também ouvi-lo através dela, não obstante, ao mesmo tempo, tentar perturbá-la a fim de que ela não se esclarecesse e a simbiose sintônica entre eles fosse cortada (NAE e NRTG).

41 No Lar-Escola-Hospital Nossa Senhora de Nazaré que dá suporte espiritual ao Centro Espírita Nossa Senhora de Nazaré (NRT).

levarei como expiação a degenerescência mental. Ao mongolismo serão acrescentadas as dificuldades de funcionamento dos aparelhos excretor, sexual e de locomoção.

Esses últimos anos foram dedicados às tarefas simples, praticadas no hospital-albergue onde presentemente vivo. Aprendi a auxiliar, através do amor, aqueles que se encontram na mesma situação pela qual um dia passei.

Esta é a vida: construímos um inferno e nos colocamos dentro dele, tornando-nos os exclusivos responsáveis pelos nossos infortúnios e pelas nossas doenças. Somente o aprendizado das Leis Divinas, com a sua compreensão aliada à prática dos ensinamentos de Jesus, poderá tornar-nos pessoas e Espíritos melhores, mais saudáveis, e felizes.

Precisamos entender, e com urgência, que Deus só quer o nosso bem. A nossa rebeldia associada à nossa volúpia em fazer tudo que, presunçosamente, achamos ser o melhor para nós, essa ilusão nos toma conta e não percebemos o verdadeiro sentido das nossas existências. Deus nos criou para o Bem e, desse modo, o Mal não existe, persistindo apenas em nós a ignorância das Suas Leis.

Somente poderemos conhecê-las através da prática

dos exemplos de Jesus, nosso Mestre, o único verdadeiro caminho para Deus.

Acreditem, irmãos, nós somos felizes, mas não sabemos ainda disso.

SILMARA

RAUL

Estou albergado no Lar Maria de Nazaré, aqui no Mundo Espiritual, no qual fui acolhido para o meu tratamento psiquiátrico e onde até hoje continuo.

Morri dementado, totalmente fora de sintonia, ou seja, vivi em um mundo próprio e fora da realidade.

Descobri que sempre quando nos debatemos diante dos nossos problemas fugimos para dentro de nós mesmos. Traçamos, através das dificuldades, uma rota de fuga, porém, muitas vezes sem volta.

Foi o meu caso. Para não enfrentar dignamente as aflições, enlouqueci, fugi da realidade.

A loucura é a fuga consciente de nós mesmos, mas contra nós mesmos; e é com muita dificuldade que aqui e agora consigo escrever-lhes.

Foi só quando comecei a minha terapia neste Lar-Hospital que comecei também a refletir sobre o que estava dentro de mim, exatamente o que pensava ter sido a minha vivência enquanto encarnado.

Passava o tempo todo voltado para minhas filmagens; isso mesmo, filmava as cenas que se encontravam no interior da minha mente e que impregnavam meus pensamentos.

Pegava, então, minha câmera – uma caixa de papelão, daquelas de guardar os sapatos –, e esse era o equipamento necessário para produzir os filmes projetados pela minha própria imaginação desequilibrada.

Observem-me, amigos! Esse processo durara minha vida toda – cerca de trinta anos – e, com a morte, a mesma situação patológica continuou.

Desencarnei em 1957 e já me encontro no "Lar" – como o designamos – desde 1999.[42] Fazendo uma pequena conta – sou capaz agora de fazê-la –, habito no mundo dos Espíritos faz 51 anos.

Só recuperei minha pequena "lucidez" em 2007, quando comecei a filmar o grande desafio da minha existência por efeito do tratamento ao qual me achava submetido.

Antes dessa data, passava o tempo filmando cenas em Roma, principalmente uma, quando certo soldado romano cometia um homicídio profundamente violento.

Vocês já perceberam que esse "certo soldado romano", com registro de nascimento entre os anos 10 e

---

42 A primeira comunicação deste Espírito ocorreu na noite de 27 de julho de 2005; onze outras comunicações se seguiram alternadamente por mais dois anos (NRT).

45 d.C., era apenas eu mesmo.

Tal problema, não resolvido e arrastado por séculos, precisou ser trazido à tona, ou seja, fazer-se consciente, a fim de ser extirpado totalmente do meu íntimo.

A consciência, não suportando mais o peso da indigência moral, da culpa e do remorso, foge, enlouquecendo-se para perder-se na suposta ilusão do esquecimento de si mesmo. Mas isso se trata da máxima ilusão por acharmos que estamos fazendo um bem para nós mesmos.

Como fui tolo, ignorante!

Graças ao processo terapêutico, aos poucos fui libertando-me, minha consciência foi trazendo lentamente, conforme meu limite de aceitação, aqueles problemas aflitivos e perturbadores ocorridos há longínquos 1900 anos.

Sei haver vivido outras vidas, mas, como em todas elas a violência e a prepotência se sobressaiam, passei-as ilusoriamente tranquilo.

Foi apenas quando comecei a receber em mim mesmo todo processo de tortura, de violência, por mim empregados nos outros, que meu Espírito revoltado buscou compreender o que estava acontecendo-lhe.

Não há nada melhor para o Espírito do que sofrer em si mesmo o que fez ou desejou fazer ao próximo.

Desde, então, despertando para a moral, o remorso e a culpa se instalaram em meu íntimo, e acabei por fugir de mim mesmo, enlouquecendo.

O processo psicoterápico ao qual fui submetido me resgatou os valores morais inconscientemente incorporados, agregados na consciência.

Como nada acontece por acaso e também pelo fato de precisar receber fluidos espirituais, intervenções adequadas através do sono, diálogos com os médicos-espirituais, passes magnéticos e conversas com os encarnados, foi que vim parar no Centro Espírita Nossa Senhora de Nazaré e ser encaminhado para a psicofonia.

Então aconteceu, em uma dessas seções, "atrelado" como me encontrava à mente do médium que me acolhia, que os fatos daquele passado remoto me foram trazidos à consciência a fim de serem definitivamente resolvidos.

Provocaram-me um tremendo abalo! Foram intensas a dor e a tristeza!

E como só o amor poderia resolver esses dramas, tornou-se necessária, então, a minha compreensão e luta para conquistá-lo.

Toda carga emocional vivida há vinte séculos retornou exatamente quando, em minha memória, "o filme" começou a ser rodado. Nessa ocasião, não precisei da câmera filmadora, as imagens brotavam de dentro de minh'alma e eu percebia isso.

Ah! Os recursos divinos são imutáveis! Quando constatei que aquele soldado cruel, horrendo, era eu mesmo, senti uma lancinante dor moral.

Era preciso seguir, enfrentar-me.

Foi nesse momento que vi a importância do apoio de um Hospital Espiritual com um Pronto-Socorro montado pelos médiuns encarnados para receber-nos. Isso foi fundamental para o início e a continuidade do meu restabelecimento.

"*Não há doenças, há apenas doentes*", esse é o grande ensinamento que o Dr. Celso, Dirigente da Ala Psiquiátrica do Lar-Hospital-Escola Maria de Nazaré, sempre me ensina.

Hoje caminho devagar. Por várias semanas sofri o desespero e a angústia do remorso desenfreado, mas, aos poucos, com os carinhos dos amigos, estou seguindo e, asseguro-lhes, bem melhor.

Já trabalho como enfermeiro-auxiliar, limpo o refeitório, e levo a alimentação para aqueles que não podem sair dos leitos onde se encontram.

Depois de mais alguns meses ocupados terapeuticamente em trabalhos manuais, comecei pelos desenhos e, em seguida, pelos cálculos matemáticos, a desenvolver o meu raciocínio para sair mais rapidamente do processo de loucura na qual a mente se cristalizara.

Atualmente, principiei a fazer um cursinho, preparando-me para estudar Medicina, pois, no futuro – algo para cerca de mais sessenta anos –, retornarei à carne reencarnando no papel de médico-psiquiatra para ajudar os desequilibrados mentais a se curarem como um dia eu fui ajudado e curado. O processo se dará compatibilizando a Medicina com a Mediunidade.[43]

Vivo plenamente feliz com as tarefas, estudos e diversões, todas boas, oportunas e apropriadas ao meu estado psíquico.

Aprendo também através do Evangelho as leis morais de Deus, a fim de nunca mais adoecer.

Caso você tenha algum problema, procure resolvê-lo; não guarde mágoa ou rancor ou raiva de alguém, vá procurá-lo e converse, colocando a limpo o seu pensamento, mas sem jamais ofendê-lo. Ame-se e ame aos outros, perdoe-se e perdoe o seu próximo, buscando fazer exatamente como Jesus nos ensinou: vivenciando a totalidade moral das Leis Divinas.

Sigo confiante.

Sei que só temos um caminho: "chegar" a Deus, e essa via já se encontra iluminada pelos exemplos de Jesus.

Não há males nem doenças nem violências, existem apenas Espíritos ignorantes do bem e da alegria de serem felizes.

Sou o Raul, um rapaz que pelo amor dos próximos, desencarnados e encarnados, conseguiu vencer a loucura.

RAUL

---

43 Em maiúscula por eu considerá-la uma disciplina científica-filosófica-religiosa (NRT).

JUSSARA

Como é cansativo assistir a esse "trololó" evangélico! Como gostaria de não precisar estar aqui sentada, ouvindo essa conversa toda!...[44]

Sou necessitada disso porque preciso ouvir, entender e começar a mudar o meu íntimo, para poder comportar-me de acordo com os ensinamentos do "meu chapa", Jesus.

Nem falo que o pior foi começar a ouvir esses ensinamentos aqui, depois de "bater com as dez".[45]

Ora, é isso mesmo: morri![46]

Não estou satisfeita em saber que me encontro aqui "mortinha", mas viva, sem, no entanto, poder fazer todas as coisas desejadas como antes fazia; e, além do

44 Palavras do Espírito Jussara ao participar de uma preleção evangélica aos assistidos – encarnados – nos Trabalhos de Curas Espirituais realizados no CENSN (NAE).

45 Gíria: "morrer" (NRT).

46 Em 1972, de overdose (NRT).

mais, estar arrependida de ter jogado fora a minha vida de encarnada.

Vou, então, explicar-lhes como tudo começou:

Totalmente perturbada, revoltada, querendo encontrar meu namorado e continuar com meu vício, cheguei aqui, no Mundo dos Espíritos, ou dos desencarnados.

– "*É um Pronto-Socorro espiritual*", falou-me alguém, ao ser-lhe perguntado "*que lugar é este?!*"...

Qual não foi a minha surpresa quando, "daqui", vislumbrei o meu corpo inerte, morto e duro, no chão, pelo excesso de droga.

Conversando com aquele alguém, o esclarecedor deste Centro Espírita, relatei-lhe que tenho treze anos, sou a Jussa, e sou uma drogada. Se quiserem amaciar o meu discurso e iludir-se, podem dizer que sou uma "dependente química".

Nada mais fácil que isso!

Dizer dessa forma é aliviar o que é trágico – as drogas, porque tudo é droga. E não somos "dependentes", somos "viciados", porque não dependíamos dela antes e porque assim nos tornamos por nossa vontade.

As cidades estão infestadas, encharcadas de todos os tipos de drogas. Estão nas crianças e nos jovens, como eu, que pelas forças da vida e da indigência, deixamos-nos levar por esse fascínio.

Olhe, gente! Eu enveredei por esse submundo por conviver com drogados. Achava o máximo!

Comecei a namorar alguém que me ajudou a destruir-me.

Conforme fui conversando essas coisas com o esclarecedor, fui me vendo caída, abandonada por quem eu idolatrava: o Artur – meu namorado. Mas, mesmo vendo-me só, eu não quis acreditar nisso, porque nem ele nem meus amigos me abandonariam!

Gritei, esperneei, "jurei de pés juntos" – e no meu caso não é gíria – para aquele "louco" que falava comigo e estava me irritando, que nada daquilo era verdade.

Nós, os drogados, não queremos admitir que o pessoal que se droga conosco "some na hora do vamos ver".[47]

No fundo somos todos uns enjeitados. Criamos esse chavão e vamos em frente.

Tenho a certeza do que afirmo: todo viciado em algo ruim quer aparecer no mundo, seja de que forma for, de preferência da pior possível, para que se tenha raiva dele a fim de poder dizer: "*Vejam só, sou mesmo um enjeitado, por isso mesmo preciso me drogar para esquecer essa minha condição*".

Eis a sua desculpa para o erro.

---

47 Gíria: significa "some na hora "h"; some na hora da onça beber água; some na hora decisiva" (NRT).

Não gostamos de nós mesmos e, então, transferimos esse sentimento para o outro, principalmente a família.

Eu, "uma criança", como diriam muitos, tenho consciência – e sempre a tive, aliás –, mas nunca admiti que não me amava e que sempre tive raiva de tudo e de todos.

Fora muito rejeitada pela minha mãe: ela tinha ciúmes de mim.

Os pais, mesmo sem saber, muitas vezes nos empurram para o vício, pois não há, pelo que tenho visto "aqui" e mesmo pelas conversas em minha tribo, viciados e delinquentes em famílias ajustadas, pessoas de moral elevado.

Vejo que os lares, em sua grande maioria, são perturbados e desunidos, neles não existindo o verdadeiro amor.

Os pais não têm o compromisso sério, com todos os efeitos que isso requer, de educar, de sacrificar-se em prol de alguém. O egoísmo, a falta de companheirismo e de fraternidade são assustadores.

Alguns poderão dizer: "*Essa Jussa é criança! Não sabe o que fala!*". Mas eu retorno afirmando: "*as que não sabem o que falam são essas pessoas iludidas, as* 'se achando' *donas da verdade, as que se revestem de máscaras a fim de aparecer perante a sociedade*".

Essa frase eu aprendi com o "Lame",[48] o qual vem aqui e nos explica algumas coisas.

Sei também porque passei por todas essas experiências e todos esses desamores.

É, rapaziada! Aqui não tem disso não!

Sou tratada conforme meu entendimento e sei que se era uma entendida no Mal enquanto estava encarnada, posso muito bem ser entendida também nas coisas boas e não ser tratada como uma débil mental, uma boboca, só porque morri.

Vamos parar com isso, gente! Vamos sacudir essas ideias!

Nós que entramos no vício queremos alguém que não tenha pena de nós, muito menos medo; precisamos de alguém que não nos deixe perdidos à própria sorte, que tenha coragem de enfrentar a realidade, e que se imponha com dignidade moral diante de nós, para compreendermos o valor da superioridade moral e assim não fraquejarmos.

Precisamos de pulsos firmes e fortes, de alguém que "pegue em nosso pé"[49] – sem no entanto ser chato –, que fale conosco com respeito, que nos trate como adultos,

48 Apelido que os jovens Espíritos residentes no Lar de Nossa Senhora de Nazaré deram a um dos nossos Mentores, exatamente o Mentor responsável por toda produção literária dos médiuns escritores do CENSN (NRT).

49 Gíria: "que nos chame às falas; que chame a nossa atenção" (NRT).

que tenham conhecimento de causa.

A pior coisa para nós é ter alguém – tipo mãe, pai – a nos dizer: *"Não entre na droga, é perigoso!"*, mas, por outro lado, não sabe explicar-nos o porquê do perigo, não sabe dialogar francamente. Apenas fala para desencargo de responsabilidade, sabe como é?

Pessoas assim se esquecem, ou desejam esquecer, iludindo-se de que somos Espíritos e, como tais, somos inteligentes, compreendemos tudo independentemente da idade, desde que nos expliquem direitinho.

Deixo aqui registrada minha falta de confiança nos mais velhos: são todos incapazes de compreender-se e aos outros também.

Registro igualmente minha falta de responsabilidade: deixei-me levar pela leviandade, pela fala mansa corruptiva de outros maliciosos e pela minha própria ilusão.

Sou uma "meio-revoltada"; era totalmente, porém, já aprendi muito.

Está difícil perdoar as falhas daqueles que me deixaram perder, difícil igualmente perdoar a mim mesma, por isso ainda sinto raiva.

Sofri, morri, e continuo com certa aflição por minha própria culpa. Libertem-se desses sentimentos mesquinhos enquanto estão encarnados, é mais fácil "desse lado" da vida.

Falando de tudo isso, não posso esquecer-me dos

Amigos Espirituais que me recolheram – o Fábio[50] e sua tribo – nem também dos do "Lar". Eles falam para eu preocupar-me não com o que foi feito nem com o que fiz de errado, porém, aprender com o passado e preocupar-me apenas em minha renovação, isto é, em fazer algo de bom e útil para mim mesma, agora e no futuro.

Ó, gente! Tudo vai melhorar! E eu estou disposta a ver essa melhora!

Tchau! Até a próxima!

JUSSARA

50 Trata-se do Espírito FÁBIO, Autor Espiritual do excelente romance biográfico espírita *Distante de Deus* psicografado pela médium Nadir Gomes (Ed. Cristális, 2004). É o responsável espiritual pelos Trabalhos de Apoio aos Espíritos Drogados ocorrentes no CENSN às terças-feiras (NRT).

EU

Hoje estou contente!

A felicidade bate em meu coração, simples paz e amor por tudo que se encontra ao meu redor.

Depois de tanto sofrimento, de tanto desconcerto diante de meus pensamentos e atos, vejo como a simplicidade sempre esteve em mim, apenas eu não a enxergava, não conseguindo perceber ser tudo paz e singeleza.

Eu não queria enxergar-me como sendo uma pessoa sem freios morais, sem condições psicológicas em relação ao *"faça ao outro o que gostaria que o outro lhe fizesse"*.[51]

Portanto, meus irmãos, quando o infarto me abateu, encontrou-me, como todos, frágil, revoltada, infeliz, e achando-me "a vítima do mundo", porquanto existe tanta gente e, justamente eu, estava quase morrendo.

Só quem já passou por um infarto sabe avaliar a minha dor bem como o medo do que estava acontecendo

51 Mt 7:12; Lc 6:31 (NRT).

e do que viria depois.

Que catástrofe, que coisa terrível!

O temor da morte superava qualquer outra dor a abater-me naquele momento.

Reflito, hoje, que a dor física pode ser debelada ou acalmada por um sedativo, por um analgésico qualquer, no entanto, a dor moral não pode ser aplacada por nenhuma pílula que possamos ingerir.

A dor moral, a qual na maior parte das vezes se dá pelo temor da morte, é acalmada quando combatida somente pelo entendimento de um Criador amoroso e pelo conhecimento de Suas leis através de *O Evangelho Segundo o Espiritismo*.

Na época, nada disso eu conhecia, apenas a lástima por mim mesma permanecia em meus pensamentos.

Como podia um infarto com sérias consequências abater uma pessoa que nunca fizera o mal para alguém? Como podia alguém preocupada com o seu bem-estar, com a sua família, com o não praticar atos danosos, sofrer tão extensa dor?

Ainda batia em meu peito e se refletia em minha mente um coração católico, voltado para a punição de um Deus vingador e, portanto, punidor.

Pensava imediatamente em essa culpa dever ser atribuída a Adão e, por isso, eu, uma mulher zelosa das minhas atitudes pudicas, só poderia estar recebendo em troca aquela punição do pecado original, embora tivesse sido batizada; mas, como não fora crismada, isto é, como não confirmara minha fé, o batismo não tinha mais qualquer valor e, agora, estava sendo alvo da ira divina.

Quanta infelicidade me assaltava naquele momento!

A família se desdobrou para auxiliar-me naqueles quinze dias nos quais passei hospitalizada.

Foi preciso colocar-me três pontes de safena. As duas cirurgias me causaram duplo sofrimento porque, embora sedada, meu Espírito a tudo assistia e sofria imensamente com a injustiça que, pensava, estava sendo feita, pois, afinal, eu era uma boa mulher.

O pavor de morrer era grande e eu não sabia, ou melhor, não entendia como podia estar fora do corpo e, ao mesmo tempo, encontrar-me viva.

Pânico! Meu corpo não conseguia expressar o que estava sentindo. Falava, mas a boca não se movia, gritava, mas ninguém me ouvia! Que desespero, meu Deus, que desespero!

Apenas conseguia enxergar o meu próprio corpo bem como os médicos e enfermeiros que cuidavam dele.

As visitas feitas pelos meus pais os deixavam martirizados por me verem em estado de inconsciência comatosa. Muitas vezes os sacudi na ânsia de dizer-lhes que estava ali, que estava viva, que estava lúcida.

Em vão! Nada percebiam, apenas choravam.

Não aguentava mais ouvir os médicos dizerem: "*sem chance, esta se encontra praticamente morta*".

Gritava:

– Não! Não é possível vocês me considerarem morta! Estou aqui, vejam! Estou viva! Não me deixem morrer, por favor, cuidem de mim!

Esforços baldados.

Os médicos, assim como os meus pais, permaneciam surdos aos meus rogos. A impotência e a solidão me angustiavam. O que fazer? Apenas chorava compulsivamente.

As lágrimas jorravam como se pudessem aliviar a dor íntima e profunda que me acompanhava.

Não me permitia um minuto de trégua, eu era incansável.

Não era possível que algo assim estivesse acontecendo comigo!

Um dia tive uma ideia. Será que poderia ir até minha casa? Falaria com meus pais, eles poderiam ajudar-me. Fui detida pela ignorância: não era possível deslocar-me, o corpo jazia inerte, não correspondia ao meu chamamento.

Em nenhum momento pensei que pudesse reverter o cenário; jamais me passara pela cabeça o fato de ser um Espírito, que atuo pelo pensamento, representação da minha vontade, e que em Espírito poderia caminhar para onde desejasse, desde que para isso me mantivesse ligada aos Bons Espíritos.

Meus irmãos, o que a ignorância pode causar! Quantos sofrimentos, quantos pesares a falta de conhecimento nos produz!

Permaneci nessa situação por quinze dias até que, por misericórdia divina, finalmente o corpo começou a reagir: os batimentos cardíacos começaram a ser restabelecidos e, lentamente, fui acordando para a vida material. Pouco a pouco fui "ressurgindo dos mortos".

As dores físicas ainda continuaram insuportáveis, a tristeza também, mas curiosamente, "como por encanto", não me lembrava de absolutamente nada sobre o ocorrido. Era como se eu tivesse apenas dormido. Mais exatamente: não guardava nenhuma consciência daqueles eventos.

Apática, abatida, totalmente debilitada, saí do hospital.

A dor quando nos abate nos faz refletir. Somente o sofrimento pungente pode mudar o nosso modo de pensar porque, para a agitação frenética e inconsciente na qual vivemos, não há mais nada a deter-nos senão o sofrimento.

Nunca se sai impune de um infarto, nunca mais seremos os mesmos depois de passarmos por uma carga emocional e física tão grande.

Tudo o que acontece ao nosso corpo físico

repercute, imediatamente, em nosso Espírito, e o inverso também é verdadeiro. Nossa capacidade de produzir e acumular maus pensamentos provoca doenças que vão se instalando lentamente.

Explico:

Meu problema cardíaco surgiu nesta existência, mas começou a ser "trabalhado" quando, em outra vida, apunhalei minha melhor amiga, justamente no coração, por achar que estava sendo traída por ela. Engano, ilusão de minha parte; contudo adquiri um "carma" que se arrastou por quatrocentos anos até ser consumado com essa doença em 1972.

Nada acontece por acaso, não sofremos sem que tenha havido, antes, um motivo criado por nós mesmos. Inexiste efeito sem causa.

Amigos, irmãos! A falta de percepção de nós mesmos coloca nossa consciência em posição menos desfavorável, permitindo assim que as deficiências morais, os vícios, e outros defeitos comportamentais tomem conta de forma abrangente de nossos pensamentos e ações.

Quando saí do hospital permaneceram em meu íntimo somente as coisas ruins pelas quais passei; em nenhum momento pensei que todo aquele sofrimento fora o melhor momento para mim, que a partir dele eu poderia ser uma pessoa melhor e aliviar as causas anteriores das aflições atuais, principalmente dos sentimentos desgovernados, que a má ação pretérita deixara gravada em mim.

Permiti que a ideia de haver sido "vítima da vida", que a de apatia, e que a de inércia emocional, tomassem conta de todo meu ser e, dessa forma, não mais me arribei. Aos poucos fui definhando, acabando com a minha própria vida.

Ao fim de quarenta dias fiz minha passagem definitiva para o dito "mundo dos mortos".

A perturbação, a dor, o mal-estar, o desespero de achar-me num lugar feio, sujo, sem luz, com "pessoas" fétidas e largadas ao meu lado, permaneciam vívidas muito dentro de mim.

Consciência? Qual estava manifestando-me? Consciência do quê? Consciência de que era uma suposta suicida?

Essas foram as frases que comecei a ouvir: que eu mesma fora minha própria assassina; que eu mesma havia provocado a dor que agora estava amargando.

Alguém me dizia que eu fora a causadora de tudo e, maldosamente, ria-se de mim.

Às gargalhadas, juntamente com as névoas sombrias onde estava mergulhada, juntavam-se as aflições pungentes a fazer-me sofrer imensamente.

Onde encontrar Deus? Onde encontrar a luz para poder salvar-me? Seria possível sair do inferno no qual vivia?

"Sou uma eterna infeliz!". Somente essa frase calava fundo em meu interior. Não aguentava tanto sofrimento.

As ideias se misturavam em minha mente, porquanto as lições religiosas se achavam em oposição com a realidade espiritual que se me apresentava naquele momento.

Onde os Demônios, o Fogo Eterno?

Nenhuma visão dos ensinos católicos se deparava em minha frente, apenas via seres como eu, sofridos, doentes, jogados ao abandono.

Onde encontrar a felicidade, o cantinho reservado por Deus para aqueles que frequentaram as missas todas as semanas?

Nada fizera de mal nem de errado ao meu próximo! Tratara sempre bem a todos! Então, como posso agora estar assim abandonada e tão sofrida?

Sofrimento! Sofrimento! Desespero! Era tudo que podia sentir.

Lágrimas de dor extrema rolavam pelo meu rosto sem que nada se modificasse. A raiva me consumia. *"Fora enganada durante anos"*, pensava; tudo não passara de uma farsa, muito bem urdida por esse tal *"Deus enganador"*. Não existia o Céu.

Sentimentos negativos corroíam o meu ser.

Comecei a pensar que Jesus também tinha sido uma bela farsa. Mas para que tudo isso? Para onde estávamos sendo levados? Para que tanta mentira?

Algum tempo se passou, não sei precisar quanto, pois naquele lugar no qual me encontrava não me era possível distinguir o dia da noite, pois tudo parecia uma eterna sequência de trevas.

Chorei muito.

O cansaço e a profunda solidão, embora estivesse com outros iguais a mim, angustiavam-me. A dor do infarto não arrefecia. Será que realmente estava morta? O meu corpo era o mesmo, a doença era a mesma, somente o lugar mudara. Como tudo fora possível? Não poderia expressar-me corretamente diante de toda situação vivenciada.

Um dia, sem ter mais esperanças, lembrei-me de minha mãe. Ela era tão linda!... Amava-me com tanta delicadeza que não contive as lágrimas.

Ah, mãezinha! Quantas saudades! Por que não está aqui cuidando de mim? Nesse momento, meus sentimentos eram puros como os de uma criança.

Lentamente meus olhos se levantaram e, ao longe, vislumbrei uma figura de mulher completamente diferente daquelas que estavam comigo.

Meu coração batia descompassadamente. Quem seria? Como ela não se movia, o desejo de conhecê-la me empurrou para frente. Caminhei num misto de medo, curiosidade, encantamento e alegria! Quem seria?

Ao aproximar-me vi nitidamente que se tratava de uma mulher de meia idade, pele alva, cabelos mesclados de branco; porém, o que mais me deixou aturdida foi o seu semblante sereno, deixando transparecer uma paz que ia muito além do seu olhar.

Quando cheguei bem perto, como criança apalpei seu rosto, acariciei seus braços e, sem conter-me, perguntei-lhe:

– Quem é? Mãe!... É você? À medida que perguntava, minhas lágrimas se faziam abundantes, a emoção me tomava conta. Senti a dor no peito abrandar e o coração acalmar.

Como em um “milagre”, adormeci.

Quando despertei, aquele ser divino ainda se encontrava ao meu lado.

– Tenha calma, minha filha, estamos cuidando de você. Estes diligentes enfermeiros colocá-la-ão numa padiola e a levá-la-ão. Não se angustie, confie em Deus por ora, unicamente confie em Deus.

Sem esboçar nenhum movimento, nem ao menos uma palavra, acedi. Meu pensamento se dirigiu a Deus e apenas Lhe agradeci.

Quando despertei novamente, encontrei-me em um quarto limpíssimo, de hospital, mas agora sem dores e com tranquilidade íntima.

– Bom dia! – falou-me uma enfermeira sorridente que acabara de nele adentrar.

Nada lhe respondi. Apenas me maravilhava com tudo que me estava acontecendo. Não queria quebrar o encanto dali com a minha voz. Era como se estivesse em uma das histórias fantasiosas da minha infância.

– Vejo-a mais disposta, mais corada... Também sei que o seu desejo de saber é bastante grande. Vou avisar à Irmã Justina que você já está acordada.

Sozinha, olhei detidamente o lugar. Tudo era asseado, paredes muito brancas e desprovidas de qualquer quadro ou cartaz.

– Bom dia, minha filha!

Ao ouvir o cumprimento na voz sonora e amorosa, voltei-me imediatamente para a porta. Lá se encontrava a mesma senhora que me socorrera no vale de lágrimas onde estivera.

Novamente a voz ficou embargada em minha garganta. Apenas chorei.

– Nada disso, filha! O momento é de alegria e não de tristeza. Estamos muito felizes, pois vemos que está se recuperando prontamente.

– Quem é a senhora?

– Sou Justina.

– Desculpe-me a pretensão, mas parece-me já

conhecê-la. Tenho a impressão de se parecer bastante com minha mãe, ou melhor, que seria minha mãe. Desculpe-me mais uma vez, porquanto estou a tagarelar como uma idiota, como alguém que perdeu a mãe e deseja urgentemente encontrá-la.

– Compreendemos perfeitamente bem o momento pelo qual está passando, e é assim mesmo. Não tenha pressa em desvendar agora todos os supostos enganos.

– Poderia apenas dizer-me se a conheço de algum lugar? Também preciso saber se estou morta ou não!

– Calma, minha querida, tudo ao seu tempo. Sim, você está desencarnada, mas, "morta", jamais estará. Ninguém morre, apenas seu corpo físico teve a falência dos órgãos e você, Espírito imortal, desligou-se dele.

– Por favor... Eu a conheço? Não me lembro de tê-la conhecido em minha vida, porém, meu sentimento aponta para uma familiaridade que não sei como explicar-me.

– Sim, Jacira, conhecemo-nos; em época passada fui sua mãe.

A emoção tomou conta de mim, meus queridos amigos.

Depois desse encontro revelador fui melhorando sensivelmente a cada dia. O carinho de minha mãe Justina me levou ao conhecimento de que eu fora uma suicida inconsciente, havendo-me largado totalmente ao invés de lutar contra a doença coronariana.

Todos nós temos nossos resgates, muitas vezes

sob a apresentação de doenças incuráveis, porém, cabe a cada um lutar por sua própria cura, buscar cumprir com dignidade os compromissos assumidos antes do reencarne, reajustando, assim, seus delitos do passado.

Somos, então, responsáveis por tudo que fazemos.

Meu sofrimento trouxe-me um grande aprendizado: aproveitemos ao máximo a oportunidade da vida com todas as dificuldades que a ela se apresentarem; busquemos vivenciar os ensinamentos de Jesus através do seu *Evangelho*, superando nossas mazelas do passado com o verdadeiro amor a Deus, a si mesmo e ao próximo.

Seja feliz, cultivando a paz.

JACIRA

AMETISTA

"Cuidar". Essa orientação foi a mais ouvida por mim na última existência.

Minha profissão foi a enfermagem. Aqui no Plano Espiritual continuo com a mesma atribuição: a de ser enfermeira.

"Cuidar" continua nas minhas atividades, porém, acrescentei-lhe o amor, o zelo. Procuro cuidar do próximo como gostaria de ser cuidada.

Hoje compreendo que não é apenas fazer a tarefa que me cabe, mas devo fazê-la com a convicção do servir.

Na época em que estive reencarnada, procurei seguir a minha escolha com dignidade, observando a utilização correta das teorias aprendidas nas escolas, entretanto, nunca pensei em fazer a minha parte como um dever.

Como a grande maioria das pessoas, eu também

desejava trabalhar profissionalmente para garantir meu sustento e o de minha família, ganhar um salário bom, capaz de poder cobrir as minhas expectativas.

Somos todos instrumentos da Vontade Divina, capazes de levar a esperança e o amor aos doentes do corpo e/ou da alma.

Após a desencarnação realizei outros cursos para melhor aprender como exercer a bela profissão da enfermagem, incluindo como dosar corretamente o amor, conforme o Mestre Jesus nos havia exemplificado séculos atrás.

As experiências ocorridas, enquanto no corpo físico, aqui me servem como vivências a serem utilizadas para amenizar o sofrimento de outros que estão transitando por dificuldades.

Quando saio com a *Equipe de Cura* para ajudar – principalmente aos Espíritos encarnados –, levo não apenas a experiência e a técnica aprendidas enquanto encarnada, mas também o amor e o desejo de servir.

Falo principalmente dos encarnados porque, quando deixamos a doença instalar-se, estamos permitindo que muitos outros doentes desencarnados se juntem a nós pela lei universal de sintonia na mesma faixa vibracional.

Quando o *Trabalho de Cura*, de assistência espiritual, acontece, sempre temos oportunidade de atender aos "indigentes enfermiços" do mundo espiritual.

A enfermagem me ensinou e continua a ensinar-me muito. Cresci em moral com a vivência do Evangelho, com os exemplos do Mestre Jesus, os quais estou colocando em prática.

Graças ao Evangelho cresci em tolerância, em carinho, em dedicação, em amor, porque passei a compreender a dor do outro. Dessa forma, exercito a compaixão.

Amigos! A verdadeira caridade não é outra coisa senão sentir em si mesmo o sentir do outro, é ter pelo outro o mesmo desvelo que teríamos por nós mesmos no momento da dor.

Nosso dirigente – o médico[52] encarregado dos trabalhos de cura a que me afiliei –, sempre está a chamar-nos a atenção para o sentimento e para o cultivo dos bons pensamentos.

Ele nos ensina que se os encarnados valorizassem seus pensamentos, mudando-os para o pensar sadio no bem, para o amor e para o entendimento das Leis Divinas, não teríamos mais doentes: os médicos e suas equipes estariam desempregados.

Sabemos que isso é verdade, contudo, cada vez mais encontramos doentes. O mundo está abarrotado de doentes. A humanidade é doente. Precisamos mudar esse

52 Trata-se, como já sabemos, do Dr. Agostin (NRT).

aspecto e precisamos começar isso pelo entendimento de mudar, em primeiro lugar, os nossos pensamentos.

Mas como fazer isso? Qual o ponto de partida a ser adotado para encetar esse novo procedimento fundamental para a saúde integral?

Só se mudarmos os conceitos que temos de Deus e de Suas leis. Isso mudará tudo, porquanto influenciará e mudará os nossos comportamentos, a nossa moral.

Simples assim.

O que nos parecia impossível é, na realidade, bastante fácil.

Devemos aprender que a qualidade de vida começa no entendimento de nós mesmos, mas isso somente ocorrerá a partir do momento que nos perguntarmos "*quem sou eu?*", isto é, começará primeiro com o entendimento do "*quem somos?*" e, a seguir, do "*o que estou fazendo aqui?*", para culminar no "*para onde estamos indo?*", questão que nos remete ao nosso princípio: o "*de onde viemos?*".

Enfim, a saúde integral, qual seja, a ausência de todas e quaisquer outras enfermidades de naturezas física, psicológica, afetiva, emocional, espiritual, enfim, somente começará a ser adquirida a partir do entendimento do ser humano que somos, do entendimento do Ser Integral que somos, do Eu intenso e profundo que somos.

Só quando tomarmos posse desse saber, os nossos hábitos irão automaticamente transformando-se porque entenderemos que ninguém pode nem jamais poderá desejar o mal para si mesmo e, em consequência, buscaremos somente o bem que nos faz bem.

Quando isso for um acontecimento normal em nossas existências, deixaremos de fazer tudo o que nos prejudica e teremos como resultado o começo da erradicação das doenças.

O Espiritismo nos esclarece sermos nós os únicos responsáveis pelo nosso bem-estar. Não podemos nem devemos nos esquecer dessa sua máxima.

Que Deus nos abençoe e que o Mestre Jesus nos sustente em nossas ações, a fim de cumprirmos com sabedoria e amor a tarefa que nos foi atribuída.

AMETISTA

O ATEU

Como começar?

Fui um homem de ciência. Teimoso, nunca me dobrei à pesquisa consciente das Leis Divinas.

Trabalhei muito, esforcei-me em ser um bom otorrinolaringologista, dediquei-me o quanto pude no trato com o ser humano, porém, sem o cuidado da observância fraterna. Procurei sempre ser polido, educado e sem muita amenidade, falando sempre a verdade.

Se ser moral é seguir os costumes do povo, suas leis civis, dobrar-se à sociedade, então posso dizer que fui um cidadão moral; se, porém, adentrarmos no campo ético-moral divino, deixei muito a desejar, porque considerei-me sempre um ateu, um materialista.

Desencarnei há cerca de quarenta anos, trazendo o amargor de todo aquele que não conquistou virtudes imperecíveis, bagagens indispensáveis para o bem viver "deste lado".

A vida para mim era uma passagem sem finalidade

concreta. Depositei, então, na Medicina, todas as minhas expectativas de felicidade, pois me extasiava ver o movimento do mecanismo das engrenagens que compõem o fascinante mundo da audição, do olfato e do paladar.

O corpo é apenas uma bela máquina, nada além disso.

Nesse contexto técnico, vivia a inteirar-me com os pacientes na dinâmica apenas carnal. Nunca passou por minha cabeça que uma vida saudável incluiria a valorização da vida dentro dos preceitos divinos, principalmente porque vivi a 2ª Grande Guerra Mundial em pele e osso.

Alemão de nascimento, convicto em servir à pátria, nada me abalava, tudo me parecia bastante natural, sendo a morte apenas o ato final da vida.

Então, "aqui", no mundo dos desencarnados, cheguei desprovido de qualquer sentimento mais nobre. Não que tivesse sido um homem mau, jamais prejudiquei ninguém, mas também nada de útil pratiquei. Somente o bom atendimento aos pacientes e o exercício gratuito de raras consultas já foram suficientes para dar-me um pouco de alívio, pois, depois de vagar sem rumo, encontrei-me ligado a um pronto-socorro espiritual.

O choque das ideias me confundiu. Seria possível eu estar vivo mesmo depois de ter morrido? Como explicar a minha situação diante dos princípios materialistas tão bem estruturados em minha consciência? Algo de muito errado estava acontecendo!

Resolvi não me preocupar com isso, porquanto meu corpo, alquebrado pela idade, fruto da debilidade natural dos órgãos, requeria minha atenção.

Procurava pela cura e ela parecia fugir de minhas mãos. Era-me impossível sentir-me saudável, alegre, feliz, porque inumeráveis questões, sem respostas práticas, perseguiam-me.

Em busca de uma solução plausível para elas, deparei-me num certo momento com antiga paciente, uma senhora que antigamente levava seus filhos para serem consultados comigo.

Ela tinha ideias estranhas. Falava-me sobre vida após a morte, reencarnação... De minha parte, educadamente, ouvia-lhe e, às vezes, sarcasticamente lhe respondia com palavras ásperas. Assim, deixava que uma suposta "desequilibrada mental" desabafasse; afinal, uma viúva, muito sofrida, precisava falar com alguém.

Quando a reencontrei e percebi que ela ainda se encontrava no mundo dos encarnados, segui-a. Era um sábado pela manhã, e ela chegou em um Centro Espírita.[53] Curioso, fiquei na sala a qual adentrou.

---

53 Trata-se de um Centro Espírita localizado em um bairro da Zona Norte, na cidade de São Paulo/SP, e por nós bastante conhecido. Manteremos, entretanto, o sigilo do autor espiritual. (NRT)

Meu espanto foi total: percebi que se tratava de uma sala de aula! Havia tanto alunos encarnados quanto desencarnados. Cada vez mais admirado, deixei-me levar.

- Aula de Filosofia Espírita????!!!! Espanto, admiração, incredulidade! Não posso precisar o que na hora senti. Todavia, assentei-me para ouvi-la.

Quando a aula terminou, mais curioso fiquei, pois minha antiga "*amiga*" percebera minha presença e falara comigo pelo pensamento.

Como isso fora possível?

Um Espírito muito atencioso, chamado Hilário,[54] aproximou-se e me convidou para ficar a fim de prestar-me alguns esclarecimentos.

- Sim - aduzi logo. Era tudo quanto desejava.

Na conversa, fui conduzido a entender o fenômeno mediúnico, os objetivos das aulas e do Centro Espírita. Saí dali com a cabeça abarrotada de informações.

Como materialista que ainda era, "aquelas coisas" não se encaixaram muito bem, porém, resolvi continuar a assistir as aulas.

Em um belo dia, apresentou-se a mim a possibilidade de uma rápida conversa com a "amiga-médium" que, imediatamente, passou minhas inúmeras indagações ao

---

54 Sim, esse mesmo! O velho e bom amigo de André Luiz, constante em seus vários livros escritos em parceria com o médium Francisco Cândido Xavier. (NRT)

professor-filósofo.

Pude, então, colocar minhas dúvidas e convicções através de uma carta endereçada por ela ao tal professor. Transcorrida uma semana, ele gentilmente respondeu, também por carta, a todas aquelas minhas primeiras questões. Dessa forma, foi iniciado um colóquio filosófico continuado por outras missivas e, assim, pude mudar vários conceitos, principalmente o conceito sobre Deus.

Foi através desse digno senhor que tomei consciência de quem realmente sou, do mundo em que estou mergulhado, e, principalmente, convenci-me da Superioridade de um Criador e de Suas imutáveis e imperecíveis Leis.

Tudo agora estava se encaixando. "Renasci", consciencialmente falando.

Como o trabalho do professor também se desdobrava no atendimento aos doentes e, por trás desse trabalho existia uma equipe composta por médicos e atendentes espirituais, pedi permissão para acompanhá-los nas tarefas de cura.

Um novo mundo se abriu diante de mim, pois fui convidado e aceitei fazer cursos e me desenvolver para atuar como otorrinolaringologista naquela mesma equipe.

Assim foi feito. Hoje estou feliz.

Trabalho e busco o aprimoramento da minha

especialidade para atender cada vez melhor aos necessitados, todos eles doentes da alma, com profundas lesões corporais, reflexos da ignorância das Leis Divinas, como era também o meu caso.

Expresso a minha gratidão a Deus pelo trabalho e ainda peço-Lhe permissão para continuá-lo.

WOLFGANG[55]

---

55 Trata-se de um nome fictício, pois seus familiares ainda se encontram reencarnados e, talvez, se o reconhecessem, poderiam embargar este livro mediante uma ação jurídica, conforme já ocorrido com outros autores psicógrafos (NRTG).

MENSAGEM SINGELA

Senhor Jesus, amigo de minh'alma!

Ajudai-me a compreender o que acontece comigo. Sei que partem de mim os grandes conflitos. As doenças começam em minha mente.

Ah, Senhor! Quando entenderei que poderei viver bem?

Ah, Senhor! Quanto sofrimento parte de meu íntimo!

Ah, Senhor! Quando aprenderei a ser feliz?

Deus, nosso Pai, criou-nos para vivermos bem, para sermos Espíritos fortes, entendendo o verdadeiro sentido das nossas existências.

Oh, Senhor! Ajudai-me a compreender que estou vivendo para renovar o meu Espírito, para deixar para trás as coisas feitas de formas erradas.

Não desejo que meu passado interfira mais no meu presente nem, muito menos, tê-lo refletido em meu futuro.

Anseio pela felicidade; quero amar a mim mesma, a Deus e a toda Criação.

Busco compreender-me para amar o verdadeiro *Evangelho*, porquanto já o entendo como sendo o único caminho seguro para chegar-se ao Criador.

Abençoai-nos por todo o sempre.

"BABY"

CTP • Impressão • Acabamento
Com arquivos fornecidos pelo Editor

EDITORA e GRÁFICA
VIDA & CONSCIÊNCIA

R. Agostinho Gomes, 2312 • Ipiranga • SP
Fone/fax: (11) 3577-3200 / 3577-3201
e-mail:grafica@vidaeconsciencia.com.br
site: www.vidaeconsciencia.com.br